Luise Apelt

Die aktuelle Kontroverse um Basiskonzepte in der politischen Bildung

GRIN Verlag

Bibliografische Information der Deutschen Nationalbibliothek:

Die Deutsche Bibliothek verzeichnet diese Publikation in der Deutschen National-
bibliografie; detaillierte bibliografische Daten sind im Internet über http://dnb.d-
nb.de/ abrufbar.

Impressum:

Copyright © 2011 GRIN Verlag GmbH
Druck und Bindung: Books on Demand GmbH, Norderstedt Germany
ISBN: 978-3-656-13333-9

Dieses Buch bei GRIN:

http://www.grin.com/de/e-book/189169/die-aktuelle-kontroverse-um-basiskonzepte-
in-der-politischen-bildung

GRIN - Your knowledge has value

Der GRIN Verlag publiziert seit 1998 wissenschaftliche Arbeiten von Studenten, Hochschullehrern und anderen Akademikern als eBook und gedrucktes Buch. Die Verlagswebsite www.grin.com ist die ideale Plattform zur Veröffentlichung von Hausarbeiten, Abschlussarbeiten, wissenschaftlichen Aufsätzen, Dissertationen und Fachbüchern.

Besuchen Sie uns im Internet:

http://www.grin.com/

http://www.facebook.com/grincom

http://www.twitter.com/grin_com

Technische Universität Dresden
Philosophische Fakultät
Institut für Politikwissenschaften
Professur für Didaktik der Politischen Bildung

Die aktuelle Kontroverse um Basiskonzepte in der politischen Bildung

Wissenschaftliche Arbeit im Rahmen der Ersten Staatsprüfung für
das Höhere Lehramt Gymnasien im Fach Didaktik der Politischen Bildung

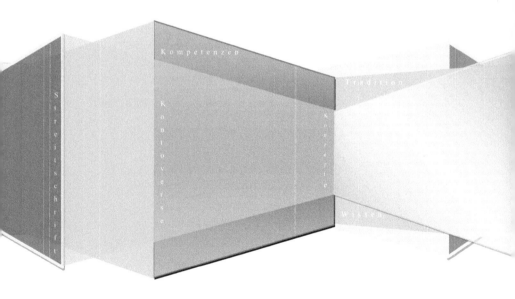

Eingereicht von:
Apelt, Luise

Dresden, Oktober 2011

„Das Gleiche lässt uns in Ruhe,

aber der Widerspruch ist es, der uns produktiv macht."

Johann Wolfgang von Goethe

I. Inhalt

II. Abbildungsverzeichnis

1. Einleitung

„Kürzt die Lehrpläne um 90%"[1], so lautet die Aufforderung von Thomas Städtler, (Diplompsychologe) in einem aktuellen Zeitschriftenartikel. Ein Jahr zuvor war sein viel beachtetes Buch „Die Bildungshochstapler"[2] erschienen, in welchem er auf Missstände in deutschen Schulen hinwies und somit eine neuerliche Debatte um den Stellenwert von Schulwissen, in der Öffentlichkeit einleitete. Bereits zehn Jahre zuvor hatte der ‚PISA-Shock' die deutsche Bildungspolitik unsanft in die Realität geholt und die Erkenntnis gebracht, dass innerhalb des Schulsystems Veränderungen erfolgen müssten, wenn man im internationalen Vergleich mithalten wollte. So kam es zu bildungspolitischen Konsequenzen in fast allen Unterrichtsfächern, ebenso im Bereich der ‚politischen Bildung'[3], mit der Folge, dass ein Wechsel von einer inputorientierten zu einer hauptsächlich outputorientierten Vermittlungsphilosophie angestrebt wurde. [4] Aber die Beschäftigung mit Unterrichtsinhalten ist nicht neu, sie ist quasi so alt wie die Politikdidaktik selbst. Obwohl es keine einheitliche Definition von Politikdidaktik als solche gibt, so wird sie doch sowohl als Theorie der Bildungsaufgaben, Bildungsinhalte, Bildungskategorien als auch als Wissenschaft vom politischen/ sozialwissenschaftlichen Unterricht verstanden. Sie befasst sich demnach unter anderem mit allen Komponenten des Unterrichts: Zielen, Inhalten, Methoden, Lehrvorgängen sowie Medien. [5] Es ist ein weit verbreitetes Missverständnis anzunehmen, pädagogisches Handeln in der Schule sei rein praktisch und basiere nicht auf theoretischen Vorgaben. Die in der Praxis handelnden Personen, vorwiegend also Lehrer[6], arbeiten nach theoretischen, didaktischen Maßgaben, welche sie in ihrem Studium erlernt haben, selbst wenn sie sich diesem Sachverhalt oft gar nicht bewusst sind.

Auch die Fachdidaktik der politischen Bildung ist wie jede andere Wissenschaft keine konfliktfreie Gemeinschaft. Obwohl häufig ein Konsens über Grundannahmen besteht, schließt dies unterschiedliche, kontrovers diskutierte Reaktionen auf bestehende

---

[1] Städtler, Thomas: Kürzt die Lehrpläne um 90%, in: Focus, 2011, Nr. 37, S. 34.
[2] Vgl. dazu: Städtler, Thomas: Die Bildungshochstapler. Warum unsere Lehrpläne um 90% gekürzt werden müssen, Heidelberg 2010.
[3] Da es innerhalb der Bundesländer zu unterschiedlichen Bezeichnungen für das Unterrichtsfach kommt, wird in der folgenden Arbeit der Terminus „politische Bildung" verwendet, wenn es länderübergreifend um den Lernbereich des politischen (sozialwissenschaftlichen) Lernens geht.
[4] Vgl. Besand, Anja: Politikdidaktik zwischen Pisa und Bologna, in: Zeitschrift für Politikwissenschaft, 21. Jg. 2011a, Nr. 1, S. 188.
[5] Vgl. Detjen, Joachim: Politische Bildung. Geschichte und Gegenwart in Deutschland. München 2007, S. 413.
[6] Innerhalb der hier vorliegenden Arbeit wird mit Ausnahme von wörtlichen Zitaten durchgängig die männliche bzw. geschlechtneutrale Form verwendet, diese beziehen allerdings die weibliche Form mit ein.

Herausforderungen nicht aus. Mit einer solchen, aktuellen Kontroverse beschäftigt sich die hier vorliegende Arbeit. Gerade in jüngster Zeit haben sich, sozusagen als Spätfolge der PISA-Studie und der Diskussion um Bildungsstandards, zwei sehr unterschiedliche Vorstellungen über den Stellenwert von Wissen in der politischen Bildung herauskristallisiert. Unter der gleichen Bezeichnung ‚Basiskonzepte'[7] wurden diese verschiedenen Ansätze in zwei unterschiedlichen Modellen nacheinander publiziert. Nach der Veröffentlichung der ersten Gruppe, bestehend aus den Fachdidaktikern Georg Weißeno, Joachim Detjen, Ingo Juchler, Peter Massing und Dagmar Richter, im Jahr 2010[8] wurde vehement Kritik an deren Modell durch andere Fachdidaktiker geübt. Die Unvereinbarkeit ihrer Vorstellungen mit den Vorschlägen von Georg Weißeno et al.[9] führte zur Veröffentlichung einer Streitschrift durch die Autorengruppe Fachdidaktik bestehend aus Anja Besand, Tilman Grammes, Reinhold Hedtke, Peter Henkenborg, Dirk Lange, Andreas Petrik, Sybille Reinhardt und Wolfgang Sander.[10] Dieser Band sollte neben der Kritik am Kompetenzmodell der ‚5er Gruppe' auch eigene Ansätze sowie ein gemeinsam erarbeitest Gegenmodell enthalten.

Die hier vorliegende Arbeit macht es sich zum Ziel die unterschiedlichen Vorstellungen der Gruppen herauszuarbeiten und Gemeinsamkeiten, falls sie vorhanden sind, zu belegen. Ebenso soll gezeigt werden, dass die Diskussion um Inhalte so alt ist wie die politikdidaktische Wissenschaft selbst. Die Motivation diese Arbeit zu schreiben, ergab sich aus einem Interesse am aktuellen Geschehen. Selten werden innerhalb von Wissenschaften Kontroversen so öffentlich und schlagkräftig ausgetragen. Von außen gesehen, scheinen die sich gegenüberstehenden Positionen unvereinbar und es droht die Spaltung der Fachdidaktik in zwei Lager. Doch sind die Vorstellungen wirklich so weit voneinander entfernt? Hat sich die Politikdidaktik in ihrer Geschichte nicht bereits vorher auf Kompromisse einigen können,

---

[7] Zum Begriff „Basiskonzepte" gibt es keine, in der Politikdidaktik allgemein anerkannte, Definitionen. Der Begriff trat vermehrt in Folge der Entwicklung von Bildungsstandards in den einzelnen Fächer auf, um den Bereich und die Stellung von zu vermittelndem Wissen im Unterricht zu strukturieren und stammt ursprünglich aus der Lernpsychologie. Eine auch von Politikdidaktikern häufig genutzte Definition lautet: Basiskonzepte sind „die strukturierte Vernetzung aufeinander bezogener Begriffe, Theorien und erklärender Modellvorstellungen, die sich aus der Systematik eines Faches zur Beschreibung elementarer Prozesse und Phänomene historisch als relevant herausgebildet haben." (Demuth, Reinhard/Ralle, Bernd/Pachmann, Ilka: Basiskonzepte- eine Herausforderung an den Chemieunterricht , in: CHEMIKON, 12 Jg. 2005, Nr. 2, S. 57.) Detaillierter wird auf dieses Phänomen ab dem Kapitel 4. Kapitel dieser Arbeit eingegangen.
[8] Vgl. dazu: Weißeno, Georg/ Detjen, Joachim /Juchler, Ingo /Massing, Peter /Richter, Dagmar: Konzepte der Politik- ein Kompetenzmodell, Bonn 2010.
[9] Die Bezeichnung Weißeno et al. wird hier übergreifend für die Arbeitsgemeinschaft Georg Weißeno, Joachim Detjen, Ingo Juchler, Peter Massing und Dagmar Richter verwendet. Da der Name Georg Weißeno als Erster genannt wurde, obwohl die Reihenfolge typischerweise alphabetisch festgelegt wird, kann davon ausgegangen werden, dass ihm die Leitung der Gruppe oblag und seine Einflüsse stärker als die der anderen in das Modell eingeflossen sind. Diese These verdeutlicht sich auch beim Vergleich des früheren Ansatzes (siehe Kapitel 4.2.3.) mit dem derzeitig vorliegenden Entwurf.
[10] Vgl. dazu: Autorengruppe Fachdidaktik: Konzepte der politischen Bildung, Bonn 2011.

obwohl es weit auseinanderliegende Ansichten gab? Zudem ist das Thema ‚Bildung' und vor allem die Debatte um die zu vermittelnden Inhalte und ihre Stellung in einem vornehmlich kompetenzorientierten Unterricht, gerade sehr aktuell und für zukünftige Lehrer von großer Bedeutung, da hierbei Richtlinien geformt werden, nach denen sie ihre Lehre gestalten sollen.

Als Methode für die Arbeit wurde neben einer historischen Aufarbeitung, die vergleichende Literaturanalyse gewählt. Dabei sollen hauptsächlich die beiden Bände „Konzepte der Politik- ein Kompetenzmodell" sowie „Konzepte der Politik- eine Streitschrift" gegenübergestellt werden. Auch Artikel und Veröffentlichungen der betreffenden Autoren besonders aus den letzten Jahren sowie Rezensionen über den Band „Konzepte der Politik- ein Kompetenzmodell" wurden in die Analyse mit eingebunden. Gegenstimmen zum Band „Konzepte der Politikdidaktik- eine Streitschrift" waren bis zum Abgabetermin der Arbeit noch nicht erschienen.

Bei der Gliederung der vorliegenden Arbeit wurde sich weitgehend an eine chronologische Darstellung der Ereignisse gehalten. Als Ausgangspunkt wurde gerade deswegen die Etablierung der politischen Bildung innerhalb der Wissenschaftslandschaft gewählt. Bei der Betrachtung der historischen Entwicklung soll dabei ein Haupteugenmerk auf den Stellenwert von Inhalten (Wissen) gelegt werden. Im darauffolgenden Kapitel werden die Reaktionen auf die PISA-Studie und die damit einhergehenden Veränderungen innerhalb der Politikdidaktik betrachtet. Danach soll der Frage nachgegangen werden, wie ‚Basiskonzepte' Einzug in die fachdidaktische Theorie fanden und welche ersten Ansätze und Modelle es zu dieser neuen Entwicklung gab. Innerhalb des nächsten Kapitels werden die unterschiedlichen Modelle vorgestellt und daran anschließend an ausgewählten Vergleichskriterien auf Grundlage der beiden Bände gegenüberstellt. In einer abschließenden Betrachtung sollen die einzelnen Kritikpunkte und die sich daraus ergebenden Unterscheidungsmerkmale zusammengefasst werden, bevor in einem abschließenden Fazit Stellung zum Ausmaß der Kontroverse sowie über mögliche Szenarien bezogen werden soll. Ebenso wird in diesem Schlusswort ein eigenes Resümee über die vorliegende Arbeit gezogen.

2. Die Bedeutung von Wissen und Inhalten in der frühen politischen Bildung

Eigentlich ist die gesamte Geschichte der Schulpädagogik geprägt durch die Frage nach dem ‚Wissen' und der Auswahl von ‚Stoff'. Die Schule soll jedoch nicht nur Wissen vermitteln sondern den Schüler auch auf das Leben vorbereiten. Beides scheint besonders im schulischen Alltag seit langem eher schwer miteinander in Einklang zu bringen zu sein.[11] Bereits Seneca kritisierte in seinen *epistulae morales ad Lucilium*, das man nicht für das Leben sondern für die Schule lerne *(Non vitae, sed scholae discimus)*[12]. Hier ließe sich ein weiter Bogen spannen, welcher aber für die gegenwärtig vorliegende Arbeit erst ab der Gründung der BRD und durch die Entwicklung der politischen Bildung als Fachdisziplin an Relevanz gewinnt.

„Schon die Erhaltung der Demokratie fordert von jedem einzelnen Bürger Wissen und klares soziales Zielbewusstsein. (…) Das einzige und beste Werkzeug, um noch im gegenwärtigen Geschlecht in Deutschland eine Demokratie zu errichten ist die Erziehung, "[13] hieß es in einem Dokument der amerikanischen Erziehungskommission 1946. Mit dem Konzept der „Re-education", welches man abkürzend als Versuch der Missionierung bezeichnen könnte, versuchten die Westalliierten nach 1945 eine demokratische Neuorientierung innerhalb des Bildungssystems durchzusetzen[14] und ein Fach der politischen Bildung nach dem Vorbild des amerikanischen Unterrichtsfaches „social studies" zu etablieren, was sich trotz großer Erwartungen nicht realisieren ließ, da das ‚Konzept der amerikanischen Demokratieerziehung' keine Umsetzung fand. Gründe dafür gibt es viele. Zum einen konnte man sich anfangs noch nicht von der staatsbürgerlichen Tradition lösen, welche sich drei Generationen lang in den Dienst der jeweiligen Staatsform als Erziehungsinstanz gestellt hatte.[15] Zum anderen gab es in der Frühphase der BRD zwar die Politikwissenschaft als etabliertes Fach an den Universitäten, welches auch durchaus den Auftrag hatte sich um die

---

[11] Vgl. Sander, Wolfgang: Wissen im kompetenzorientierten Unterricht- Konzepte, Basiskonzepte, Kontroversen in den gesellschaftswissenschaftlichen Fächern, in: Zeitschrift für Didaktik der Gesellschaftswissenschaften, 2. Jg. 2010c, Nr. 1, S. 42.
[12] Seneca: epistulae morales ad Lucilium 106, 12., zitiert nach: Bartels, Klaus: *Veni Vidi Vici. Geflügelte Worte aus dem Griechischen und Lateinischen*. Mainz am Rhein 2006, S. 110.
[13] Vorschläge der amerikanischen Erziehungskommission vom 20.9.1946, zitiert nach Sander, Wolfgang: Politik in der Schule. Kleine Geschichte der politischen Bildung in Deutschland, Marburg 2010b, S. 89.
[14] Vgl. Sander, Wolfgang: Theorie der politischen Bildung: Geschichte- didaktische Konzeptionen- aktuelle Tendenzen und Probleme, in: Sander, Wolfgang (Hrsg.): Handbuch politische Bildung, Schwalbach/ Ts. 2005, S.16.
[15] Gagel, Walther: Geschichte der politischen Bildung in der Bundesrepublik Deutschland. 1945-1989/90, Wiesbaden 2005, S. 33.

Ausgestaltung einer fachlichen Fundierung für die politische Bildung zu bemühen. Allerdings erwies sich innerhalb dieser Disziplin eher die ‚Politik' an sich als Forschungsgenstand.[16] Zudem zeigte die Bevölkerung in dieser Zeit wenig Interesse an politischer Bildung, schließlich konzentrierte man sich vorrangig auf die Verbesserung der Versorgungslage und die wirtschaftliche Stabilisation der Bundesrepublik.[17]

Erst Ende der 50er Jahre entwickelte sich allmählich eine eigene Disziplin, getragen durch eine „didaktische Wende"[18] in vielen Fächern, welche die Frage: „Wie das derzeitige Bildungswesen und die Vermittlung des Stoffes sich wissenschaftlich begründen ließe?" auf eine vertretbare Weise zu beantworten versuchte. Diese Frage konnte nicht mehr mit einem feststehenden Stoff- oder Wissenskatalog von Generation zu Generation übertragen werden, da Wissen zum einen schnellen Wandlungsprozessen unterworfen war (auch Wissen veraltet und wird durch neues Wissen ersetzt).[19] Zum anderen machte es der schnelle Wissenszuwachs unmöglich, das für Lernprozesse bedeutsame Wissen aus der Wissenschaft heraus zu generieren, da hier in den einzelnen Bereichen andere Schwerpunkte gelegt wurden.[20] Bereits 1957 stellte Theodor Wilhelm fest, dass man bei der Auswahl von Inhalten für den Unterricht beachten müsse, dass aller Stoff zeitgebunden sei und seine Bildungsbedeutung erst aus der konkreten historischen Sachlage heraus erhalte.[21] Des Weiteren wurde die Frage nach dem Lehrstoff von verschiedenen sozialen Gruppen unterschiedlich beantwortet, da kein einheitliches Weltbild, kein geschlossenes Sinnkonzept und somit keine einheitliche Begründung von Lernstoff getroffen werden konnte, welches sich das Bildungssystem hätte aneignen können.[22]

---

[16] Vgl. Sander 2005, S.21.
[17] Vgl.: Steffans, Dagmar: Politische Bildung 2000. Demokratie- und Zukunftsrelevanz als Leitmaßstäbe, Münster 1995, S. 27.
[18] Zu einer Neuorientierung innerhalb der politischen Bildung kam es Ende der 50er Jahre. Diese eigentliche Geburtsstunde der Wissenschaft, die sich in vielen Fächern vollzog wurde als "didaktische Wende" bezeichnet. Ausgangspunkt waren die bildungspolitische und allgemein pädagogische Kontroverse um die Stofffülle der Lehrpläne und die Forderung, das Elementare und Exemplarische in den Mittelpunkt des Lernens zu stellen. Diese "didaktische Wende" in der politischen Bildung fand ihren unmittelbarsten Ausdruck in dem Buch von K. G. Fischer, K. Herrmann, H. Mahrenholz: "Der politische Unterricht" (1960). vgl.: Massing, Peter: Politische Bildung, in: Andersen, Uwe/ Wichard, Woyke (Hrsg.) Handwörterbuch des politischen Systems der Bundesrepublik Deutschland, Bonn 2003, S. 504f.
[19] Vgl. Sander 2005 S. 22.
[20] Sander zieht als Beispiel die Soziologie heran: „Was etwa „das Wichtigste aus der Soziologie sein soll, wird u.U. aus der Perspektive eines Parteiensoziologen, eines Sozialpsychologen, eines Betriebssoziologen oder eines Sozialpsychologen völlig anders dargestellt." (Sander 2005, S.22)
[21] Vgl. Wilhelm, Theodor: Das Stoffgebiet der politischen Bildung in der Volksschule. Auswahl und Schwerpunkte, in: Bundeszentrale für Heimatdienst (Hrsg.): Die Praxis der politisch Bildung in der Volksschule. Bonn 1957, S. 37.
[22] Vgl. Sander 2005. S.23.

Die politische Fachdidaktik brachte Ende der 50er/Anfang der 60er Jahre Kurt Gerhard Fischer auf den Weg. „Traditionsreiche Pädagogische Fragen stellten sich neu: Was ist das `Elementare' Politischer Bildung und im politischen Unterricht? Was soll gelehrt, gelernt und geübt werden?"[23] Das Neue war dabei, das sich nun eigene wissenschaftliche Theorien zur Beantwortung dieser Frage entwickelten. Eine Frage die bis heute nicht einheitlich beantwortet werden kann, wie die nachfolgenden Kapitel zeigen werden. Somit begründete sich die politische Bildung schon mit dem Blick nach dem ‚Elementarem', zur damaligen Zeit also auch schon den Inhalten und Zielen politischer Bildung.[24] Die beginnende Diskussion um politische Bildung wurde zudem Ende der 50er Jahre durch beunruhigende Ereignisse innerhalb der Öffentlichkeit zunehmend bedeutsam. Als antisemitistische Hakenkreuze und nationalsozialistische Schmierereien auftauchen, boten sie den Anlass die politische Bildung als Stütze der Demokratie zu nutzen und so ein stärkeres Konfliktbewusstsein in der Bevölkerung zu etablieren.[25]

Mit der Errichtung erster politikdidaktischer Professuren zu Beginn der 60er Jahre waren die materiellen Voraussetzungen für die Etablierung der Politikdidaktik geschaffen und man konnte sich auf die Aufgabe: der Etablierung eines eigenen Unterrichtsfaches durch wissenschaftliche, fachdidaktische Theorien, konzentrieren.[26] Die Politikdidaktik war damit nicht nur reine Methode, sondern Wissenschaft geworden. Kurt Gerhart Fischer, Siegfried George und Wolfgang Hilligen, schrieben rückblickend über die Gründungsphase des damals in der wissenschaftlichen Politikdidaktik in Deutschland führenden „Instituts für Didaktik der Gesellschaftswissenschaften" an der Justus-Liebig-Universität Gießen[27]: „dass für die Auswahl der Inhalte und Zielsetzungen des Schulunterrichts angesichts des sich ständig vermehrenden Wissens sowie den Ergebnissen der Lernpsychologie und der geisteswissenschaftlichen wie empirischen pädagogischen Forschung eine Methodenlehre, die sich nur auf die Frage der Vermittlung von vorgegebenen Inhalten erstreckte, nicht mehr ausreichte um Lehrer für die Planung und Organisation von Unterricht zu befähigen. Es war als notwendig erkannt worden, Ziele, Inhaltsauswahl, Methoden und Medien des Unterrichts miteinander zu verknüpfen und Hypothesen über das Zusammenwirken dieser Elemente des

---

[23] Fischer, Kurt Gerhard: Einführung in die politische Bildung. Ein Studienbuch über den Diskussions- und Problembestand der politischen Bildung in der Gegenwart, Stuttgart 1973, S.25.
[24] Vgl. Sander 2010b, S. 128.
[25] Vgl. Steffans, 1995, S.28.
[26] Vgl. Sander, 2010b, S. 128.
[27] Vgl. Sander, 2005 S.23

Unterrichts zu formulieren und zu erproben."[28] Damit war der Fragehorizont umrissen, nachdem bis heute politikdidaktische Konzeptionen[29] entwickelt werden. Mehrere führende Vertreter der ersten Generation haben politikdidaktische Konzeptionen für die Schule entwickelt und teilweise bis in die 90er Jahre angepasst. Diese didaktischen Konzeptionen kommen dabei nicht ohne normative Implikationen aus, welche zwar offen gelegt und begründet werden sollten, dadurch aber häufiger Ansatzpunkt für Kontroversen bieten. Sie sind dabei aber auch Lieferant für begründet wissenschaftliche Kriterien, nach welchen man die grundlegenden Fragen, zum Beispiel nach der Auswahl und Strukturierung von Lerngegenständen oder nach der pädagogischen Begründung von Lernangeboten und der Gestaltung von Lernsituationen (Auswahl von Methoden und Medien) in einem Gesamtbild, beantworten kann. Es gibt eine Vielzahl didaktischer Konzeptionen aus unterschiedlichen Jahrzehnten, die aber alle durchaus als alternative, konkurrierende und häufig diskutierte Gesamtbilder von Aufgaben und Zielen der politischen Fachdidaktik verstanden werden können.[30]

Die genannten Gründe für die Verwissenschaftlichung der Disziplin galten für alle Fächer der Schule. Wesentliche Anstöße für diese Entwicklung kamen aus der Pädagogik. Hier gab es ältere Ansätze, die sowohl einen überzeitlichen Kanon des Wissens sowie auch normative Didaktiken, über Bord geworfen hatten, welche ihre Inhalte aus obersten Sinn- und Wertnormen generierten. Die Etablierung der Politikdidaktik war in den 60er Jahren auf die Frage nach dem ‚Wesentlichen' als ‚Theorie von Bildungsinhalten' zur Etablierung eines eigenen Faches ausgelegt. Dies zeigte Wirkung. Denn kurz darauf kam es innerhalb der Bundesrepublik in fast allen Bundesländern zur Einführung eines eigenen Schulfaches, was wiederum dazu führte, dass Hochschulen nun Träger für die Ausbildung neuer Politiklehrer waren. Da es laut empirischer Studien mit dem Interesse der Jugendlichen an politischen Inhalten eher schlecht bestellt war, gerieten die politische Bildung und auch die Konzeptionen ihrer Vertreter immer mehr ins öffentliche Interesse.[31]

Unterschiedliche Konzeptionen von Kurt Gerhart Fischer (1960 und 1970), Hermann Giesecke (1965 und 1972), Wolfgang Hilligen (1975 und 1982), Rolf Schmiederer (1971 und

---

[28]Hilligen, Wolfgang/ Fischer, Kurt Gerhart/ George, Siegfried: Institut für Didaktik der Gesellschaftswissenschaften, in: Gießener Universitätsblätter, Gießen 1982, S.37.
[29] Unter politikdidaktischen Konzeptionen verstand Wolfgang Hilligen einen plausiblen Gesamtzusammenhang mehr oder weniger gesicherten (oder hypotetischen) Aussagen über Inhalte, Ziele, Unterrichtsorganisation und Bedingungen der politischen Bildung bzw. des politischen Unterrichts, vgl. Sander 2005, S.24.
[30] Vgl. Sander 2005, S. 24ff.
[31] Vgl. Sander 2010b, S.130.

1977), Bernhard Sutor (1971 und 1984) um nur einige zu nennen, entstanden.[32] Auf die Inhalte der verschiedenen Konzeptionen[33] wird im Verlauf der Arbeit noch näher eingegangen werden, da sich die ‚Streitparteien' der zu betrachtenden, aktuellen Kontroverse um Basiskonzepte auf die verschiedenen didaktischen Ansätze zur Legitimierung ihres jeweiligen Kompetenzmodelles beziehen. Diese ersten Konzeptionen unterschieden sich zum Teil stark in ihren Grundgedanken zu politischer Bildung. Hermann Giesecke verstand *Politik* als Lerngegenstand. Wolfgang Hilligen ging es um Problemorientierung als Grundlage des Unterrichts, dabei sprach er sich dafür aus, den Stoff angemessen nach den Ereignissen der jeweiligen Zeit auszusuchen. „Welche Grundvorstellungen und Zielentscheidungen sich rechtfertigen lassen, ist immer auch im Zusammenhang zu sehen mit den Herausforderungen der geschichtlichen Situation in der wir leben: Die Frage nach dem Was, Warum und Wozu lassen sich unterscheiden, aber nicht trennen."[34]

Bezogen auf die Frage nach den konkreten Inhalten in der politischen Bildung ging Kurt Gerhardt Fischer davon aus, dass alle Lerngegenstände austauschbar seien. Diese These richtete sich gegen jede Form von Systematik und beinhaltete die Verwandlung der außerschulischen Welt in Unterrichtsstoff. Sie war zu seiner Zeit neu und provokativ, ging man doch eher davon aus, den Stoff für den Unterricht genau festzulegen und in Lehrplänen dogmatisch zu verankern. Die Themen selbst waren für Fischer „Ausschnitte aus der Wirklichkeit"[35] und zwar bevorzugt in Form von Fällen.[36] Fischers didaktische Konzeption war Kritik am stoffzentrierten Unterricht in der Schule im Allgemeinen. Für die damalige Zeit war Fischers Model sehr offen gestaltet und daher seiner Zeit voraus, was zu einer häufig sehr kritischen Bewertung führte.[37]

Ein weiterer Ansatz, der bei der Auswahl von Inhalten ebenfalls eine andere Richtung einschlug, stammte von Rolf Schmiederer. Die Inhalte des Unterrichts sollten nach schülerorientierten Gesichtspunkten ausgesucht werden, wobei vor allem die Situation und die Bedürfnisse des Schülers zu berücksichtigen waren. Der Schüler sollte lernen seinen

---

[32] Vgl. Gagel, Walther: Drei didaktische Konzeptionen: Giesecke, Hilligen, Schmiederer, Schwalbach/Ts. 2007, S.37.
[33] An dieser Stelle soll auf ein Buch verwiesen werden, welches alle didaktischen Konzeptionen in ihrer geschichtlichen Reihenfolge detailliert beschreibt: Gagel, Walther: Geschichte der politischen Bildung in der Bundesrepublik Deutschland. 1945-1989/90, Wiesbaden 2005.
[34] Hilligen, Wolfgang: Zur Didaktik des politischen Unterrichts. Wissenschaftliche Voraussetzungen-Didaktische Konzeptionen- Unterrichtspraktische Vorschläge. Opladen 1985, S. 22.
[35] Fischer, Kurt Gerhard: Politische Bildung eine Chance für die Demokratie, Linz 1965, S. 36.
[36] Vgl. Sander, Wolfgang: Interpretation und Kommentar, zu: Fischer, Kurt Gerhard: Einführung in die politische Bildung, in: May, Michael/ Schattenschneider, Jessica (Hrsg.): Klassiker der Politikdidaktik neu gelesen, Schwalbach/Ts. 2011a, S. 83f.
[37] Vgl. ebd. S. 86.

politischen und sozialen Alltag zu meistern. Gegenstand sollte dabei die Gesellschaft insgesamt sein. Schmiederer verlangte dabei eine Gleichbehandlung von politischen und sozialen Bereichen, welches auch Inhalte aus Soziologie und Ökonomie einschloss.[38]

Trotz aller Unterschiede in den anfänglichen Konzeptionen zeigten sich auch grundlegende Gemeinsamkeiten, wie die demokratische Grundorientierung der politischen Bildung oder der Bezug auf Fragen und Probleme aus der Gegenwart. Keine Einigkeit zeichnete sich aber bei der Frage nach der pädagogischen Intention des Politikunterrichts ab. Die Frage nach den Zielen politischer Bildung sorgte für Kontroversen, bei denen die Politikdidaktik in die damaligen politischen Polarisierungen geriet. Dies geschah vor allem im Zusammenhang mit den Studentenbewegungen von 1968. Die Protestbewegung war die erste ‚Fundamentalopposition' in der jungen Bundesrepublik. Es kam zu einer Renaissance sozialistischer Politikkonzepte, welche sich aber scharf von der Praxis der osteuropäischen Staaten abgrenzte. Man forderte eine Demokratisierung aller Lebensbereiche. Die neue Aufmerksamkeit an Theorien und Denkstilen in der Sozialwissenschaft brachte der politischen Bildung höhere Studienzahlen und ein verbreitetes öffentliches Interesse. Neue Lehrpläne, Schulbücher und Unterrichtsmaterialien wurden publiziert. Obwohl es auch zu Konflikten zwischen progressiven und konservativen Didaktikern innerhalb der Disziplin kam, konnte ein Auseinanderbrechen der jungen Wissenschaft verhindert werden.[39]

Zwischen 1970 und 1975 gab es den Versuch einer wissenschaftlichen Richtlinienentwicklung für das Unterrichtsfach. Die damit verbundene Debatte zwischen Regierungs- und Oppositionsparteien während der sozialliberalen Kooperation löste politische Konflikte über Lehrpläne, Inhalte und Schulbücher aus. Von da an spaltete sich die politische Bildung in zwei Lager, in A- (SPD-regierte) und B- (CDU/CSU- regierte) Länder. [40] Die Konflikte wurden besonders in Hessen und Nordrhein-Westfalen augenscheinlich, als die SPD-regierten Länder neue Lehrpläne verabschiedeten, welche sich in Zielen und ihrer didaktischen Struktur drastisch von den herkömmlichen ‚Stoff'plänen unterschieden. Die CDU versuchte durch großangelegte Werbeaktionen gegen diese Entwicklungen vorzugehen, womit sie in Hessen erfolgreich war. Bei dieser Konfrontation blieb wenig Raum zur produktiven Diskussion.[41]

---

[38] Hetdke, Reinhold: Interpretation und Kommentar, zu: Schmiederer, Rolf: Politische Bildung im Interesse der Schüler, in: May, Michael/ Schattenschneider, Jessica (Hrsg.): Klassiker der Politikdidaktik neu gelesen, Schwalbach/Ts. 2011a, S. 182f.
[39] Vgl. Sander 2010b, S. 137f.
[40] Vgl. Gagel, 2007, S.37.
[41] Vgl. Sander 2010b, S.139f.

Für die Fachdidaktik, welche die wissenschaftliche Reformbewegung zunächst überwiegend positiv aufnahm und politische Bildung nun als Mittel zur zunehmenden Demokratisierung aller Lebensbereiche betrachtete, kann mit aller Vorsicht in drei Gruppen von Autoren und Positionen innerhalb der 70er unterteilt werden. Wissenschaftler der älteren Generation, wie Fischer, Hilligen und Giesecke versuchten ihre Theorieansätze auf die neue Situation zu beziehen. Aber auch neue Konzeptionen, welche sich explizit auf die kritische Theorie bezogen, wurden beispielsweise von Schmiederer und Claußen entwickelt. Zudem gab es eine Gruppe, die die politische Bildung als Instrument gesellschaftlicher Veränderungen für den Klassenkampf sah, allerdings wenig einflussreich war. Trotzallem blieb der Zusammenhalt in der Wissenschaft bestehen, obwohl die einzelnen Didaktiker Teilnehmer an öffentlichen Debatten zu den neuen Reformen oder als Schulbuchautor tief in die Auseinandersetzung verwickelt waren und in dieser auch Stellung bezogen.[42] Der damalige Streit war daher ein politischer Streit und kein innerpädagogischer, trotzdem war eine Trennung in Lager in ihren Anfängen erkennbar. Die entstanden Gräben sollten in einem wissenschaftlichen Diskurs bei einer Tagung der Landeszentralle für politische Bildung Baden-Württemberg 1976 in Beutelsbach überwunden werden. Die Teilnehmer waren durchaus bereit einen Konsens zu finden und dabei ihre fachdidaktischen Position in Teilen sogar zu revidieren.[43] Der Beutelsbacher Konsens, der daraufhin von Hans-Georg Wehling formuliert wurde, indem er seine Eindrücke der Tagung zusammengefasst hatte, enthält keine Handlungsanweisungen an den Lehrer. Vielmehr formuliert er die Prinzipien der politischen Bildung. Konsensfähig waren nicht die Inhalte, die Gesellschaftsbilder oder die Modelle politischer Beteiligung. Gleiche Ansichten gab es aber darüber, „dass die Lernsituation eine pädagogische Situation sei, in welcher Lernenden ihre Entfaltung ermöglicht wird."[44] Die drei Prinzipien Überwältigungsverbot, Kontroversitätsgebot und Schülerinteresse[45] waren unmittelbar einleuchtend. Inzwischen ist der Konsens ein allgemein anerkannter und fundamentaler Bestandteil der politischen Bildung.[46]

Der Beutelsbacher Konsens war ein weiterer Schritt auf dem Weg zur Professionalisierung der Wissenschaft. Allerdings war es der Bildungspolitik eher schwergefallen, sich aus dem

---

[42] Vgl. Sander 2010b. S. 145f.
[43] Rolf Schmieders Revision bestand in einem Wechsel von der Gesellschaftskritik zur Schülerorientierung als Basis der politischen Bildung und legte damit die Voraussetzung zur Entdeckung von Gemeinsamkeiten, was eine Einigung ermöglichte, vgl.: Gagel, Walther: Der Beutelsbacher Konsens als historisches Ereignis. Eine Bestandsaufnahme, in: Schiele, Siegfried/ Schneider, Herbert: Reicht der Beutelbacher Konsens? Schwalbach/Ts. 1996, S.20f.
[44] Ebd. S.25.
[45] Vgl. dazu: Wehling, Hans-Georg: Konsens a la Beutelsbach? in: Schiele, Siegfried/ Schneider, Herbert: Das Konsensproblem in der politischen Bildung. Stuttgart 1977. S. 179f.
[46] Vgl.: Reinhardt, Sybille: Politikdidaktik, Praxishandbuch für die Sekundarstufe I und II, Berlin 2005, S.30f.

Lagerdenken heraus zu stabilisieren. Nachdem die Auseinandersetzungen zwischen den Parteien langsam ausliefen, kam es zu einer Stagnation innerhalb der politischen Bildung, da fachdidaktische Themen in der Öffentlichkeit zunehmend an Brisanz verloren. Hinzu kam die hohe Lehrerarbeitslosigkeit der 80er Jahre, was einen drastischen Rückgang an Studierenden nach sich zog. Das Jahrzehnt entwickelte sich zu einer schweren institutionellen Krise im Fach. Professuren wurden nicht neu besetzt und die Anzahl von Publikationen ging drastisch zurück. Walther Gagel zog 1986 mit seinem Aufsatz „Stirbt die politische Bildung aus?" eine bittere Bilanz.[47]

Allerdings sollten sich die Befürchtungen Wolfgang Gagels nicht bestätigen, da die Wissenschaft durch den Fall der Mauer und die nachfolgende Wiedervereinigung neuen Auftrieb erhielt. Bis 1989 waren in der DDR Inhalte und Ziele im Staatsbürgerkundeunterricht durch ein Lehrplannetzwerk klar vorgegeben worden. Die Aufgabe des Lehrers bestand hauptsächlich in der Vermittlung des Stoffs, welcher vornehmlich dazu diente die Staatsphilosophie zu legitimieren. Nach dem Mauerfall verlangten die ostdeutschen Pädagogen selbst eine Umgestaltung des Unterrichtsfaches ‚Staatsbürgerkunde'.[48] Durch die neue Nachfrage und einer Wende auf dem Arbeitsmarkt vollzog sich in der Politikdidaktik ein Generationenwechsel. Dies mündete in eine Vielzahl neuer Publikation sowie in die Gründung neuer Zeitschriften beispielsweise „kursiv– Journal für politische Bildung".[49] Zunehmend schwieriger wurde es allerdings, neue Lerninhalte zu bestimmen, was zur Anpassung alter Konzeptionen führte. So schlug Hilligen vor, globale ‚Schlüsselprobleme' als Auswahlkategorien von Inhalten zu verwenden. Neue Konzeptionen erschienen unter anderem als kommunikative Fachdidaktiken zum Beispiel von Sibylle Reinhardt (1997) oder Tilman Grammes (1998).[50] 1999 erfolgte die Gründung der Gesellschaft für Politikdidaktik und politische Jugend- und Erwachsenenbildung (GPJE), welche sich als wissenschaftliche Fachgesellschaft versteht und jährliche Fachtagungen veranstaltet.[51] Mehrere dieser Tagungen werden im Verlauf der Arbeit näher betrachtet werden, da sie Austragungsort der hier betrachteten Kontroverse waren.

Auch bildungspolitisch veränderten sich innerhalb der 90er Jahre die Strukturen. Nicht nur, dass nun zwei Bildungssysteme unter dem Vorbild des westdeutschen Bildungssystems zusammengefügt wurden, sondern auch verschiedene Reformpläne sollten auf staatlicher

---

[47] Vgl. Sander 2010b. S. 149f.
[48] Vgl. Gagel 2007, S. 5f.
[49] Vgl. Sander 2010b, S. 150f.
[50] Vgl. Gagel 2007, S.38.
[51] Vgl. Sander 2010b, S. 151.

Ebene, allerdings wenig erfolgreich, umgesetzt werden. 1995 wurde als Ergebnis einer nordrhein-westfälischen Kommission die Denkschrift „Zukunft und Bildung- Schule der Zukunft" entwickelt, welche sich bewusst auf die Frage nach den Aufgaben der Schule konzentrierte. Zunehmend mehr Autonomie wurde gefordert.[52]

2.1. Die Kontroverse um den Einfluss des Konstruktivismus in der politischen Bildung

Seit Ende der 70er Jahre gewinnen konstruktivistische Positionen im Zusammenhang mit neuen Forschungsergebnissen z.b. aus der Neurobiologie, Hirnforschung, Systemtheorie und Kognitionspsychologie zunehmend an Bedeutung. Innerhalb der 90er Jahre fand der Konstruktivismus als interdisziplinäre Erkenntnistheorie in vielen Wissenschaften Einzug.[53] Seit Jahren wird kontrovers diskutiert, welche Konsequenzen dies für die politische Bildung haben wird. Die Diskussion hatte durchaus Auswirkungen auf das Verständnis von Wissen und somit auch auf die aktuelle Kontroverse um Basiskonzepte in der politischen Bildung. Die zentrale Annahme des Konstruktivismus ist, „dass wir ‚Wirklichkeit' erleben, keine objektiven Gegebenheiten, sondern eine von uns als Beobachtern hervorgebrachte Welt."[54] Jeder Mensch konstruiert sich demnach zwar seine eigene, individuelle Welt mit seinen eigenen Erfahrungen, ist aber durch Kommunikation und Lernen in der Lage eine gemeinsam geteilte Welt erstehen zu lassen. Dabei verzichten Konstruktivisten aber aus systematischen Gründen auf den Gebrauch des Begriffes ‚Wahrheit'. Demnach gibt es auch kein ‚wahres Wissen', welches dem Schüler vermittelt werden kann. Besonders Wolfgang Sander ist ein Vertreter dieses Ansatzes innerhalb der politischen Bildung.[55] Die konstruktivistische Theorie wirkt sich konzeptuell folgendermaßen auf den politikdidaktischen Unterricht aus: Unterricht muss demnach stärker als Lernumgebung gestaltet werden und Schule wird dadurch vielmehr

---

[52] Vgl. Massing, Peter: Konjunkturen und Institutionen der Bildungspolitik, in: Politische Bildung, 35. Jg. 2002, Nr. 3, S. 20f.
[53] Vgl. Siebert, Horst: Pädagogischer Konstruktivismus - eine Bilanz der Konstruktivismusdiskussion für die Bildungspraxis. Neuwied 1999, S.7f.
[54] Pohl, Kerstin: Konstruktivismus und Politikdidaktik: Ein Chat-Interview mit Joachim Detjen und Wolfgang Sander, in: politische Bildung. Beiträge zur wissenschaftliche Grundlegung und zur Unterrichtspraxis, 2001, Nr.4, S.129.
[55] Vgl. Sander, Wolfgang: Politik entdecken- Freiheit leben. Didaktische Grundlagen politischer Bildung, 2. Auflage, Schwalbach/Ts. 2007a, S. 165ff.

zu einem Ort des aktiven Handelns.[56] Die Wissensvermittlung wird dabei eher outputorientiert vollzogen. Ein Stoffkatalog ist somit nicht mehr bestimmbar, da Wissen von jedem selbst konstruiert wird. Damit verlieren Wissensbestände und Kategorien ihre Verbindlichkeit. Der Lehrer wird dabei in eine passive der Schüler in eine aktivere Rolle gehoben. Die konstruktivistische Lerntheorie ist demnach mit der Stofflast und dem dogmatischen Charakter der meisten Lehrpläne nicht vereinbar.[57] Auch Tilmann Grammes und Peter Henkenborg greifen in ihren didaktischen Ansätzen Elemente der konstruktivistischen Theorie auf. Gegen die konstruktivistische Lerntheorie argumentieren vor allem Joachim Detjen und Georg Weißeno. Sie kritisieren den Umstand, dass Inhalte subjektiviert werden und die Fachlichkeit dadurch reduziert wird. Zudem äußern sie Kritik an der hohen Betonung des Selbstlernens und den offenen, schwer evaluierbaren Ergebnissen.[58]

Die verschiedenen dargelegten Positionen werden bei der Betrachtung der aktuellen Kontroverse um Basiskonzepte ebenfalls eine Rolle spielen.

3. Der Pisa-Schock und sein Echo

Noch 1997 hatte der damalige Bundespräsident Roman Herzog versucht, das Thema ‚Bildungspolitik' auf die Titelseiten zu holen und zum zentralen Anliegen seiner Politik zu machen. Dabei war er bei seinen Bestrebungen eher mäßig erfolgreich. Zwar hatte sich Mitte der 90er Jahre ein ‚Paradigmenwechsel' hin zu mehr Schulautonomie vollzogen, welcher aber noch nicht ausreichend stabilisiert war. Doch dieser war weit mehr auf interne Fachgespräche als auf eine Diskussion innerhalb der Bevölkerung zurückzuführen. Massives öffentliches Interesse erhielt das Thema erst durch die von der Bildungspolitik als katastrophal wahrgenommen Ergebnisse verschiedener internationaler Bildungsstudien, vorwiegend der PISA-Studie 2001.[59]

---

[56] Vgl. Pohl, Kerstin (Hrsg.): Positionen der politischen Bildung. Ein Interviewbuch zur Politikdidaktik, 2. Auflage, Schwalbach/Ts. 2007, S. 324.
[57] Vgl. Detjen 2007, S. 440.
[58] Vgl. Pohl 2007, S. 325.
[59] Vgl. Massing 2002, S.19.

3.1. Der Auslöser – die PISA-Studie

Bis weit in die 90er Jahre hinein fehlte in der Bundesrepublik eine regelmäßige Überprüfung der Leistungen von Schülern, wie dies beispielsweise in den USA üblich war. Das Augenmerk lag auf der Entwicklung und Erprobung didaktischer Modelle, welche eher input- und prozessorientiert waren. Die Vergewisserung über die Leistungen und Kompetenzen im Sinne einer Outputorientierung trat dagegen weitgehend in den Hintergrund.[60] Also begab Deutschland sich mit der Teilnahme an der internationalen Vergleichsstudie PISA (Programme for Iternational Student Assessment) zur Jahrtausendwende nahezu auf Neuland. Zwar hatte man bereits in den Jahren zuvor an verschiedenen Studien teilgenommen, deren Ergebnisse blieben aber weitgehend unbeachtet. Erste kritische Stimmen vor allem von Fachdidaktikern waren allerdings schon im Jahre 1997 nach der Veröffentlichung der Ergebnisse aus der „Trends in International Mathematics and Science Study" (TIMSS) zu vernehmen, welche den Schülern der BRD im naturwissenschaftlichen und mathematischen Bereiche Defizite im Vergleich zu jenen aus anderen europäischen Staaten bescheinigte. Ebenfalls 1997 durch die Konstanzer Beschlüsse wurde von den einzelnen Bundesländern der Grundstein für die Teilnahme an weiteren Vergleichsstudien sowie für die Verbesserung des nationalen Bildungssystems auf der Grundlage der Resultate gelegt.[61]

Die Ergebnisse der PISA-Studie, welche für Bildungswissenschaftler nach TIMSS wohl kaum eine Überraschung darstellten, waren für die Bevölkerung ein Schock. Der PISA-Test untersuchte den Leistungstand Fünfzehnjähriger in verschiedenen Fächern und basierte auf einer psychologischen Kompetenztheorie. „Unter Kompetenzen werden in der Öffentlichkeit und in der Berufs- sowie allgemeinen Pädagogik meist Sach-, Methoden-, Sozial- und Personalkompetenzen u.v.a.m. verstanden. Oftmals werden sie auch als Schlüsselqualifikationen bezeichnet, die sich dazu eignen, Wesenszusammenhänge der heutigen Welt zu erkennen (…) Sie beziehen sich auf den Erwerb einer gewissen Disponibilität durch die Aneignung von Kenntnissen, Einsichten, Haltungen und Fertigkeiten.[62] Die pädagogische Psychologie definiert Kompetenzen als: „die bei Individuen verfügbaren oder durch sie erlernbaren kognitiven Fähigkeiten und Fertigkeiten, um

---

[60] Vgl. Köller, Olaf: Qualitätssicherung in der Schule, in: Georg, Weißeno (Hrsg.): Politikkompetenz. Was Unterricht zu leisten hat, Bonn 2008, S. 22-31.

[61] Vgl. Niemann, Dennis: Deutschland- Im Zentrum des PISA-Sturms, in: Knodel, Phillip/ Martens, Kerstin/ Olano de, Daniel/ Popp, Marie: Das PISA-Echo. Internationale Reaktionen auf die Bildungsstudie, Frankfurt am Main 2009, S. 65.

[62] Weißeno, Georg: Kompetenzmodell, in: Weißeno, Georg/ Hufer, Klaus-Peter/ Kuhn, Hans-Werner/ Massing, Peter/ Richter, Dagmar: Wörterbuch. Politische Bildung, Schwalbach/Ts. 2007b, S. 175.

bestimmte Probleme zu lösen, sowie die damit verbundenen motivationalen, volitionalen und sozialen Bereitschaften und Fähigkeiten, um die Problemlösungen in variablen Situationen erfolgreich und verantwortungsvoll nutzen zu können."[63]

Aus den Ergebnissen des Tests lassen sich Kompetenzprofile der evaluierten Schüler erstellen. Diese geben Informationen über demografische Kontextindikatoren sowie soziale Merkmale, welche mit den Kompetenzen in Zusammenhang stehen. Als grundlegende Kompetenzbereiche wurden die Lesekompetenz, die mathematische sowie die naturwissenschaftliche Kompetenz verstanden. Die Testaufgaben beruhten auf dem durch das internationale Konsortium unter Beratung durch eine Expertengruppe erstellten, theoretischen Rahmenkonzept für PISA.[64] Die deutschen Schüler lagen in allen drei Kompetenzbereichen signifikant unter dem OECD- Durchschnitt und rangierten insgesamt nur auf dem 20. Platz im internationalen Vergleich. Zahlreiche Industrieländer platzierten sich weitaus besser. In einer zunehmend immer wichtiger werdenden Wissensgesellschaft suggeriert dies einen massiven Standortnachteil für Deutschland.[65]

Zudem zeigte die Studie, dass Bildungschancen nicht gleich verteilt sind und lernschwächere Schüler zu wenig gefördert werden. Circa 20% der Schüler wurden aufgrund ihrer schwachen Leistungen schlechte Zukunftschancen attestiert. Dieser Anteil ist ungewöhnlich hoch. Die Leistungen der besten Schüler hingegen lagen dabei auch nur im internationalen Durchschnitt.[66] 35 Jahre nach der großen ‚Bildungsreform' werden die Bildungschancen eines Schülers immer noch von seiner sozialen Herkunft stark beeinflusst, stärker als dies in anderen OECD-Ländern der Fall ist. Gleichzeitig ist die Spanne bei der Lesekompetenz zwischen den stärksten und den schwächsten Jugendlichen so groß wie in keinem anderen Land innerhalb der Vergleichsstudie.[67] Auch die Leistungsvarianz zwischen den unterschiedlichen Schultypen war überdurchschnittlich hoch. Lagen die Werte der Gymnasiasten noch im hohen Leistungsbereich, brachen die Hauptschüler mit ihren Leistungen regelrecht weg. Eine nationale Zusatzstudie (PISA-E) zeigte zudem, dass sich die

---

[63] Weinert, Franz E.: Vergleichende Leistungsmessung in Schulen- eine umstrittene Selbstverständlichkeit, in: Weinert, Franz E. (Hrsg.) Leistungsmessungen in Schulen, Weinheim, Basel 2001, S. 27f.

[64]Vgl. Klieme, Eckhard/ Jude, Nina: Das Programme for International Student Assessment (PISA), in: Klieme, Eckhard/Artelt, Cordula/Hartig, Johannes/Jude, Nina/Köller, Olaf/ Prenzel, Manfred/ Schneider, Wolfgang/Stanat, Petra (Hrsg.): PISA 2009. Bilanz nach einem Jahrzehnt. Münster 2010. S. 13.

[65] Vgl. Niemann 2009, S. 65f.

[66] Vgl. Besand, Anja: Sozialwissenschaftliche Bildung im Schnellkochtopf oder: Wie positioniert sich die sozialwissenschaftliche Bildung in der bildungspolitischen Reformdiskussion, in: Schattenschschneider, Jessica (Hrsg.): Domänenspezifische Diagnostik. Wissenschaftliche Beitrage für die politische Bildung, Schwalbach/Ts. 2007, S. 9.

[67] Vgl. Massing, Peter: Die bildungspolitische und pädagogische Debatte zur Einführung nationaler Bildungsstandards, in: politische Bildung, 37 Jg. 2004, Nr. 3, S. 9.

Ergebnisse zwischen den einzelnen Bundesländern nochmals stark unterschieden. Schlusslichter waren dabei die Staatstaaten sowie die nördlichen Bundesländer (inklusive Nordrhein-Westfalen). Tendenziell stärkere Leistungen im innerdeutschen Vergleich erbrachten dabei die südlichen und südöstlichen Bundesländer, welche sich in Folge dessen weniger Reformwillig zeigten. [68]

3.2. Reaktionen

In Deutschland führten die Veröffentlichung der PISA-Ergebnisse und besonders das große Medieninteresse zu einem Schockzustand. Bildung wurde somit zu einem führenden politischen Thema und war in aller Munde. Die Diskussion wurde sehr emotional geführt, da man sich zum einen, als Land der Dichter und Denker, zur europäischen Bildungselite gezählt hatte und ein solches Ergebnis in der Bevölkerung nicht erwartet worden war. Zum anderen lag es sicherlich auch daran, dass in der Debatte schnell ein Bezug zum zukünftigen wirtschaftlichen Entwicklungspotenzial hergestellt wurde. Der Übergang zur Informationsgesellschaft führt dazu, dass nicht mehr die Arbeit die ausschlaggebende Produktionskraft für wirtschaftlichen Fortschritt, sondern vielmehr die Aneignung des so genannten ‚intelligenten Wissens'. [69]

Die PISA-Studie machte auch auf ein Kernproblem der deutschen Bildungspolitik aufmerksam: „Während eine fast beliebige Fülle von objektivierbaren Daten zu dem vorliegt, was Schule erreichen soll und was in das Schulsystem eingespeist wird, sind die - wiederum objektivierbaren- Informationen über das, was hier wie und mit welchen Mitteln erreicht *wird*, sehr dürftig." [70] Die Diskussion über die Qualität von Unterricht und Schule wurde zwar bereits früher geführt, dennoch gab es kaum überprüfbare Standards darüber, welche Fähigkeiten Schüler in bestimmten Klassenstufen innerhalb der einzelnen Fächer beherrschen sollen. In anderen OECD-Staaten findet man seit Jahrzehnten eine ergebnisorientierte, detaillierte Bildungsberichterstattung. Diese Länder waren bei der PISA-Studie sehr

---

[68] Vgl. Niemann 2009, S. 66ff.
[69] Vgl. Besand 2007, S.9.
[70] Muszynski, Bernhard: Empirische Wende oder heiße Luft? Was die PISA-Debatte bewegen könnte, in: politische Bildung, 2002, Nr. 2, S.66.

erfolgreich, da sie zudem (wie beispielsweise in Finnland) ein Schulsystem besitzen, in welchem einheitliche Leistungserwartungen, die in Bildungsstandards festgelegt und durch einheitliche Testverfahren überprüft werden. Die einzelschulischen Ergebnisse werden veröffentlicht um durch den Wettbewerbscharakter eine positive Wirkung auf die Qualitätsentwicklung zu erzielen.[71] Der Druck auf das Bildungssystem wurde zusätzlich durch die Debatte über das politische Desinteresse der Jugendlichen beeinflusst, welches sich in vor allem in der Shell- oder der Civic-Education-Studie von 2001 evaluieren ließ. Weitere Auseinandersetzungen gab es zur Bildungsarmut in Deutschland sowie über die Gewalt an Schulen.[72]

Alle diese Probleme führten zu neuerlichen Überlegungen hinsichtlich des Schulsystems. Zuerst versuchte man sich am Gesamtschulsystem der skandinavischen Länder, scheiterte aber an der traditionell, föderalen Bildungsstruktur innerhalb der Bundesrepublik. Auch die Diskussion über die frühere Einschulung der Kinder verlief im Sande. Die eigentliche Veränderung, welche die Kultusministerkonferenz (KMK) aufgrund des Bildungsdrucks einführte, bestand 2002 in der Aufforderung zur Festlegung von nationalen Bildungsstandards innerhalb der Unterrichtsfächer.[73] „Nationale Bildungsstandards legen domänenspezifische und fächerübergreifende Kompetenzen für einzelne Jahrgangsstufen fest. Sie greifen allgemeine Bildungsziele auf und benennen die Kompetenzen, welche die Schule ihren Schüler/-innen vermitteln muss, damit bestimmte zentrale Bildungsziele erreicht werden. Bildungsstandards sind primär Leistungsstandards; sie beschreiben die fachbezogenen Kompetenzen, die Schülerinnen und Schüler bis zu einem bestimmten Zeitpunkt ihres Bildungsganges erworben haben sollen, und stellen verbindliche Kriterien für alle 16 Bundesländer dar."[74] Unter der Leitung von Eckhard Klieme entwickelte eine Expertengruppe eine Expertise (Klieme-Expertise) auf deren Grundlage Bildungsstandards für die einzelnen Fächer entwickelt werden sollten. In ihr fanden sich unter anderem Handlungsanweisungen, nach denen die Schulen weniger inhaltliche Vorgaben (Inputorientierung) vermitteln, als vielmehr durch die Evaluation ihrer Ergebnisse, gemessen anhand von zu erwerbenden Kompetenzen (Outputorientierung) gesteuert werden sollen. Bei der Wissensvermittlung muss sich aus ‚trägem' nun anwendbares Wissen entwickeln. An die Formulierung von Bildungsstandards ist also die Formulierung von Kompetenzen stark geknüpft, welche

---

[71] Vgl. Massing 2004, S. 10f.
[72] Vgl. Besand 2007, S. 10.
[73] Vgl. ebd., S.10f.
[74] Weißeno, Georg: Bildungsstandards, in: Weißeno, Georg/ Hufer, Klaus-Peter/ Kuhn, Hans-Werner/ Massing, Peter/ Richter, Dagmar: Wörterbuch. Politische Bildung, Schwalbach/Ts. 2007a, S. 66.

empirisch zuverlässig erfassbar sein sollen.[75] Der Kompetenzbegriff von Klieme beinhaltet neben kognitiven Wissensinhalten auch Wertvorstellungen und Handlungsmotive. Dies gilt auch für die zu formulierenden Bildungsziele. Klieme weist aber auch darauf hin, dass solche Bildungsziele nicht einfach festgeschrieben sondern innerhalb der Bevölkerung ausdiskutiert werden sollen. Eine solche Diskussion hat jedoch nie stattgefunden. Stattdessen hat die KMK auf der Grundlage der Klieme-Expertise aufgrund des Zeitdruckes von den Fachdidaktiken der einzelnen Fächer erwartet, domänenspezifische Kompetenzmodelle zu entwickeln. Im ersten Zug erfolgte diese Auftragsstellung an die Kernfächer Mathematik, Deutsch und die erste Fremdsprache. Die Kultusministerkonferenz (KMK) entfernte sich aber noch weiter von der Klieme-Expertise, indem sie nicht von der Vorgabe der Entwicklung von Mindeststandards, sondern nur von Regelstandards ausging. In Regelstandards werden nur die Kompetenzen benannt, die im Durchschnitt und somit nicht von allen Schülern erreicht werden müssen.[76] Bildungspolitisch hatte man sich schnell auf die Erarbeitung von Bildungsstandards geeinigt, jedoch gab es in der Wirtschaft und unter Schulpraktikern Gegner des outputorientierten Modells. Es wurde ausgehend vom alten Modell bezweifelt, dass Kompetenzen überhaupt messbar seien. Bei der Evaluation von Kompetenzen würden nur noch die Ergebnisse von Bildung in Betracht gezogen und Bildungsprozesse sowie der Input gänzlich vernachlässigt. Zudem wurde den neuen Standards vorgeworfen, die schwächeren Schüler zu benachteiligen und durch den Selektionsdruck, der durch die ‚Kompetenz-Tests‘ ausgelöst würde, den Schulfrust noch weiter zu verstärken.[77] Die Befürworter von Bildungsstandards sehen die Schulen hingegen als Leistungseinrichtungen, deren Ergebnisse trotz aller Freiräume evaluiert werden sollten. Die stärksten Argumente für einheitliche Zielvorgaben sowie outputorientierte externe Prüfungen, ebenso wie nationale Testverfahren ergeben sich allerdings aus dem Vergleich mit den stärksten OECD- Staaten aus dem PISA-Test.[78] Innerhalb der deutschen, mathematischen und naturwissenschaftlichen Fachdidaktiken wurden in relativ kurzer Zeit nach den Vorgaben der KMK Bildungsstandards erarbeitet und 2005 in Bielefeld auf einem Internationalen Kongress der Gesellschaft für Fachdidaktik (GFD) ausführlich vorgestellt und kritisch erörtert.[79]

---

[75] Vgl. Detjen 2007, S.442f.
[76] Vgl. Besand 2007, S. 13f.
[77] Vgl. Massing, Peter: PISA und die Folgen. Kompetenzorientierung in der politischen Bildung. Von den Bildungsstandards zu Basiskonzepten, in: Wochenschau, Sonderausgabe Sek. I und II, 61. Jg. 2010b, S. 8f.
[78] Vgl. Massing 2004, S. 15.
[79] Vgl. Vollmer, Helmuth Johannes: Kompetenzen und Bildungsstandards. Stand der Entwicklung in verschiedenen Fächern, in: Weißeno, Georg (Hrsg.): Politikkompetenz. Was Unterricht zu leisten hat, Bonn 2008, S. 39.

3.3. Bildungsstandards und Kompetenzmodell der GPJE

„Die spannende Frage lautet nun allerdings: Wie sollte sich die politische Bildung gegenüber der Diskussion um Bildungsstandards überhaupt verhalten? Sollte sie, wie andere Fächer auch, Bildungsstandards entwickeln- obwohl sie durch die KMK nicht dazu beauftragt war? Oder sollte sie die weitere Entwicklung der Diskussion eher abwarten?"[80]

Die politische Bildung, repräsentiert durch die GPJE, entschied sich auch ohne Auftrag eigene Bildungsstandards zu entwickeln. Die Autorengruppe (Joachim Detjen, Hans-Werner Kuhn, Peter Massing, Dagmar Richter, Wolfgang Sander und Georg Weißeno) stand dabei unter extremen Zeitdruck, da man der KMK den Entwurf bis zum 4. Dezember 2003 vorlegen wollte, weil an diesem Tag über das weitere Vorgehen zur Erarbeitung von nationalen Bildungsstandards entschieden wurde. Zudem sollte das vorgeschlagene Modell die Interessen des Faches wahren und die Qualitätsansprüche der politischen Bildung zur Geltung bringen.[81] Um wahrgenommen zu werden musste sich der Entwurf an gewisse Richtlinien halten, die formale Struktur, Umfang, Sprache und konzeptionellen Zugang betrafen. Die Bildungsstandards wurden in Form von kurzen Texten beschrieben. Alles in Allem waren die Möglichkeiten der Autorengruppe durch die Rahmenbedingungen dabei eingeschränkt. Der Entwurf sollte zudem einen breiten Konsens innerhalb der Politikdidaktik repräsentieren. „Schon aus diesem Grund wird mit dem Entwurf für nationale Bildungsstandards nicht der Versuch unternommen, Kontroversen in der Politikdidaktik autoritativ zu entscheiden oder gar so etwas wie eine ‚Einheitsdidaktik' für die politische Bildung zu entwerfen. (…) Die Standards verpflichten weder Wissenschaftlerinnen und Wissenschaftler noch Lehrerinnen und Lehrer auf ein einheitliches didaktisches Konzept."[82]

Insgesamt gliederte sich die 50 seitige Konzeption in vier Teile. Im Ersten wird in knapper Form das Selbstverständnis des Faches beschrieben. Im zweiten Teil werden die drei einschlägigen Aufgabenbereiche, auf welchen die Kompetenzen aufbauen sollen, beschrieben. Als notwendige Vermittlungskompetenzen einigte sich die GPJE auf: politische Urteilsfähigkeit, die politische Handlungsfähigkeit und methodische Fähigkeiten. Im dritten Teil wird das eigentliche Kompetenzmodell (Abb.: 1) ausführlich beschrieben. Dabei werden

---

[80] Besand 2007, S.14.
[81] Vgl. Detjen, Joachim: Die GPJE-Bildungsstandards. Fachunterricht in der politischen Bildung, in: Wochenschau, Sonderausgabe Sek. I und II, 61. Jg. 2010, S. 24.
[82] Sander, Wolfgang: Die Bildungsstandards vor dem Hintergrund der politikdidaktischen Diskussion. in: politische Bildung, 37. Jg. 2004, Nr. 3,S 32.

verschiedene Kompetenzniveaus (Bildungsstandards) für die jeweiligen Schulstufen festgelegt. Im Entwurf werden vier Kompetenzniveaus definiert: beim Übergang von der Grundschule in die weiterführende Schule, ebenso nach dem mittleren Bildungsabschluss und nach dem Ende der gymnasialen Oberstufe sowie nach dem Abschluss des beruflichen Bildungswesens. Im vierten Teil werden insgesamt 12 Beispiele dafür gegeben, wie sich Aufgaben in Bezug auf die Bildungsstandards konstruieren lassen.[83]

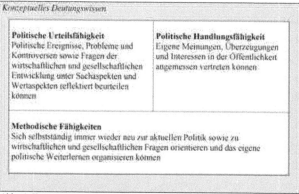

(Abb.: 1 Kompetenzmodell der GPJE, in: GPJE 2004 S. 13)

Dieses Kompetenzmodell steht im Zentrum des umfassenden Entwurfs und beschreibt die einzelnen Kompetenzen, welche den Schülern im Fach politische Bildung vermittelt werden sollen. Bereits Kerstin Pohl kommt in ihrem Interviewbuch zu dem Ergebnis, dass politische Urteilsfähigkeit ein zentrales Ziel des Politikunterrichts sei und dass kein Didaktiker derzeit diese Prämisse anzweifelt.[84] Der Entwurf der GPJE führt aus, dass unter Urteilen, Aussagen über Menschen und Sachverhalte verstanden werden. Drei Schritte gilt es beim Aufbau der Kompetenz zu beachten: das Vergegenwärtigen des Sachverhaltes, die politische Analyse und das Urteil selbst. Natürlich setzt die Beschäftigung mit politischen Themen auch eine inhaltliche Kenntnis des Sachverhaltes voraus.[85]

Kerstin Pohl stellte in ihrem Interviewbuch heraus, dass beim Thema ‚politischen Handelns' durchaus unterschiedliche Ansichten innerhalb der Fachdidaktik bestehen. „Ob Handlungs-bereitschaft ein Ziel politischer Bildung sein kann und soll, wo genau die Grenze zur Mission

---

[83] Vgl. Detjen 2010, S. 24f.
[84] Vgl. Pohl 2004, S.319.
[85] Vgl. Detjen 2010, S. 25ff.

überschritten wird und mit welchen Methoden ggf. Handlungsbereitschaft erreicht werden könnte, ist noch lange nicht ausdiskutiert. Vorerst lässt sich als Ziel politischer Bildung nur Handlungsfähigkeit als kleiner-gemeinsamer Nenner herauskristallisieren."[86] Genau dieser Terminus wird innerhalb der GPJE-Standards aufgegriffen und es werden umfangreiche Anwendungsfelder aufgelistet. Neben der Fähigkeit die eigene politische Meinungen überzeugend vertreten zu können, gehört auch die Befähigung in verschiedenen Kontroversen sowohl konfliktfähig als konsensfähig zu sein zur politischen Handlungsfähigkeit. [87]

Darüber, dass Schüler methodische Fähigkeiten besitzen müssen, ist sich die Fachdidaktik weitgehend einig. Methodische Fähigkeiten sind dabei weitgehend fächerübergreifend formuliert worden, man legte aber auch Wert auf die Betonung von fachspezifischen Unterrichtsmethoden, wie zum Beispiel auf die Fähigkeit eine Expertenbefragung zu planen, zu führen und auswerten zu können. Ähnliches gilt auch für die Medienkompetenz. Gerade dem Einsatz neuer Medien verschreibt sich der Entwurf der GPJE gezielt.[88]

Aber bei der Frage nach Inhalten, nach dem Grundwissen in der politischen Bildung, kommt es immer wieder zu Kontroversen. Da die KMK allerdings beabsichtigte, aufbauend auf den kompetenzorientierten Bildungsstandards, inhaltliche Kernbereiche in eigenen Lehrplänen für die jeweiligen Fächer zu erstellen, musste diese Problemstellung bei der Festlegung von Kompetenzen nicht eindeutig beantwortet werden. Es erwies sich jedoch äußert schwierig, Bildungsstandards aus zuarbeiten ohne dabei auf inhaltliche Aspekte des Faches Bezug zu nehmen. Das Kompetenzmodell wurde deshalb in einen Kontext mit dem so bezeichneten ‚konzeptuellen Deutungswissen' (Abb.:1) eingebettet. Im Entwurf wird deutlich herausgestellt, dass Kompetenzen nicht ohne jeden Bezug zu Inhalten umgesetzt werden können.[89] „Wissensvermittlung ist in der politischen Bildung kein Selbstzweck, sondern auf die Entwicklung von Kompetenzen in den Kompetenzbereichen bezogen. Umgekehrt erfordert die Verbesserung von Kompetenzen in der Regel auch eine Erweiterung und Verbesserung des bei Schülerinnen und Schüler bereits vorhandenen Wissens. (...) Dabei geht es in der politischen Bildung um grundlegende Annahmen, um Deutungen und Erklärungsmodelle über Politik, Wirtschaft, Gesellschaft und Recht."[90] Im Entwurf wird auf verschiedene, zu beachtende Sachverhalte von Gesellschaft, Wirtschaft und Politik auf

---

[86] Pohl 2007, S. 319.
[87] Vgl. Detjen 2010, S. 27.
[88] Vgl. Sander 2004, S.38f.
[89] Vgl. ebd, S. 39f.
[90] GPJE: Nationale Bildungsstandards für den Fachunterricht in der politischen Bildung. Ein Entwurf. Schwalbach/Ts. 2004, S. 14.

nationaler und internationaler Ebene hingewiesen. Dabei soll Wissen aber nicht um einzelne Aspekte und Kenntnisse kreisen, sondern vielmehr auf den bereits vorhandenen Vorstellungen und Wahrnehmungen der Schüler aufbauen und diese weiterführen. Laut Wolgang Sander, zeigt der Begriff des „konzeptuellen Deutungswissen" dabei eine Nähe zur Konstruktivistischen Lerntheorie. Was bereits bei der Erarbeitung der Bildungsstandards von einigen Mitautoren kritisiert und anders gedeutet wurde. So interpretiert Joachim Detjen den Begriff des ‚Deutens', eher im Sinne von ‚Interpretieren und Auslegen' und sieht ihn somit als Bestandteil eines hermeneutischen Verständnisses.[91] Diese Grundkontroverse die im vorherigen Kapitel bereits beschrieben wurde, tritt wieder zum Vorschein und wird auch Auswirkungen auf die aktuelle Kontroverse um Basiskonzepte in der politischen Bildung haben.

Der eigentliche Anspruch an die erarbeiteten Standards, Bildungsziele zu formulieren, welche anschließend outputorientiert überprüft werden können, wurde dabei nur teilweise erfüllt. Das entwickelte Kompetenzstufenmodell, in welchem man Minimalstandards formuliert hatte, ist leider empirisch weitgehend ungestützt und daher weniger überzeugend. Dadurch ergaben sich weitere Aufgaben, wie beispielsweise die immer noch offene Frage nach den zu vermittelnden Inhalten, für die Politikdidaktik.[92] Obwohl die KMK die Bildungsstandards der GPJE bisher noch nicht beschlossen hat, lobte sie doch den Entwurf und empfahl ihn zur Entwicklung weiterer Standards bzw. Lehrpläne innerhalb der einzelnen Bundesländer als Orientierung zu verwenden. Zudem folgten andere Fächer dem Beispiel und entwickelten ebenfalls eigeninitiativ Standards.[93]

4. Die Diskussion um Basiskonzepte

Nach dem Entwurf der GPJE gab es in der politischen Bildung eine Konzentration auf Forschungs- und Theoriefragen, welche sich mit der inhaltlichen Dimension näher beschäftigten. Dabei ging es häufig darum den Begriff des ‚konzeptuellen Deutungswissens', welcher innerhalb der Nationalen Bildungsstandards wenig differenziert wurde, klarer zu

---

[91] Vgl. Detjen 2010, S.28f.
[92] Vgl. Besand 2007. S. 16ff.
[93] Vgl. ebd. S. 16.

fassen und gegebenenfalls in einem Kerncurriculum zu bündeln.[94] Mit unterschiedlichen Konzepten und Modellen versuchten verschiedene Fachdidaktiker sich dieser Problematik zu nähern. Dabei wurde versucht die breite des entsprechenden Fachwissens in verschiedene Konzepte zu bündeln, um somit ein exemplarisches Vorgehen zu ermöglichen. Diese Konzeptionen wurden, in Anlehnung an die Lernpsychologie, unter anderem mit dem Begriff ‚Basiskonzepte' bezeichnet und fanden Eingang in die naturwissenschaftlichen Fächer, noch bevor man innerhalb der Politikdidaktik verschiedene Ansätze erarbeitete. Im internationalen Raum ist diese Bezeichnung allerdings schon älter. Von ‚Basic Concepts' sprach man schon 2000 bei einem Entwurf des ‚Michigan Department of Education' für das amerikanische Fach „Social Studies".[95] Innerhalb des Kapitels soll sich mit den Grundlagen dieser neuen Entwicklung sowie den Auswirkungen auf Konzeptionen innerhalb der politischen Bildung beschäftigt werden.

4.1. Exkurs: Basiskonzepte naturwissenschaftlichen Fächern

Innerhalb dieses Abschnittes soll es nun nicht darum gehen, die einzelnen Basiskonzepte der naturwissenschaftlichen Fächer inhaltlich vorzustellen, da dies den Rahmen der Arbeit übersteigen würde. Vielmehr soll gezeigt werden, wie Basiskonzepte innerhalb der jeweiligen Disziplinen entwickelt wurden und welche Empfehlungen es an die Lehrer zum Umgang mit Basiskonzepten gibt. Dabei zeigen sich viele Parallelen zu verschiedenen Konzepten innerhalb der politischen Bildung.

Zunächst ist es interessant, das bereits die Expertise forderte „die Kernideen der Fächer bzw. Fächergruppen besonders klar herauszuarbeiten. Zu diesen Kernideen gehören: Die grundlegenden Begriffsvorstellungen (z.B. die Idee der Epochen in der Geschichte, das Konzept der Funktion in der Mathematik (…), die damit verbundenen Denkoperationen."[96] Die Expertise spricht dabei von Kernideen, für diesen Begriff hat sich in vielen Fächer die

[94] Vgl. Massing 2010 b, S. 17.
[95] Vgl. Sander, Wolfgang: Wissen im kompetenzorientierten Unterricht- Konzepte, Basiskonzepte, Kontroversen in den gesellschaftswissenschaftlichen Fächern, in: Zeitschrift für Didaktik der Gesellschaftswissenschaften, 2. Jg. 2010,Nr. 1, S. 54.
[96] Bundesministerium für Bildung und Forschung (Hrsg.): Zur Entwicklung nationaler Bildungsstandards. Eine Expertise, Bonn 2003, S.19.

Bezeichnung ‚Basiskonzepte' durchgesetzt. Allerdings wird von einigen Didaktikern immer noch der Terminus ‚Kernidee' bzw. ‚Leitidee' für das gleiche Phänomen verwendet. Die unterschiedlichen Bezeichnungen machen deutlich, dass es keine einheitliche Benennung des Konzeptwissens gibt. Allerdings ist das Grundverständnis oft identisch: Schülern sollen solche Lerngelegenheiten geboten werden, in denen sie die Grundkompetenzen des jeweiligen Unterrichtsfaches in entsprechenden Aufgabenstellungen erwerben können. Durch die Fokussierung auf die Kernkonzepte soll der Schüler Schritt für Schritt lernen, zunehmend komplexere Anforderungssituationen zu bewältigen, indem er auf vorhandenes Wissen zurückgreift.[97]

Eine auch von politischen Bildnern[98] häufig rezipierte Definition von Basiskonzepten wurde von Reinhard Demuth aufgestellt, welcher Basiskonzepte für den Chemieunterricht ausgearbeitet hatte: Basiskonzepte sind laut seinem Verständnis, „die strukturierte Vernetzung aufeinander bezogener Begriffe, Theorien und erklärender Modellvorstellungen, die sich aus der Systematik eines Faches zur Beschreibung elementarer Prozesse und Phänomene historisch als relevant herausgebildet haben."[99] Wissen wird dabei, nachdem ein inhaltlich-fachlicher Kern festgelegt wurde, auf der Grundlage von Basiskonzepten erarbeitet, wobei letztere ein multiperspektivisches sowie systematisches Denken und eine Reduzierung auf wesentliche Aspekte fördern. Dabei sollen sie dem Schüler dazu dienen, erworbenes Wissen vertikal zu vernetzen, indem sie, in späteren Unterrichtsstunden oder auch in anderen Fächern ähnlichen Stoff wiedererkennen. Auch für den Chemieunterricht waren Bildungsstandards im Auftrag der KMK erarbeitet worden, welche die Diskussion um Basiskonzepte zu einem zentralen Element der chemiedidaktischen Bildung in Deutschland machten. Verschiedene Vorschläge wurden in sehr kurzer Zeit von Fachdidaktikern oder Lehrplanentwicklern vorgelegt. Dabei erwies sich das Teilchenkonzept als besonders maßgeblich für den Chemieunterricht.[100] Neben diesem benannten die Bildungsstandards noch weitere Basiskonzepte: Struktur-Eigenschaft-Beziehungen, chemische Reaktion und zur energetischen Betrachtung bei Stoffumwandlungen. Diese ähnelten sich mit den benannten Basiskonzepten der EPA (einheitliche Prüfungsanforderungen in der Abiturprüfung vom 05.02.2004): Stoff-

---

[97] Vgl. Henkenborg, Peter: Wissen in der politischen Bildung- Positionen der Politikdidaktik, in: Autorengruppe Fachdidaktik: Konzepte der politischen Bildung, Bonn 2011, S. 121.
[98] Unter anderem bei Peter Massing, vgl. dazu: Massing, Peter: Basiskonzepte für die politische Bildung. Ein Diskussionsvorschlag, in: Weißeno, Georg (Hrsg.): Politikkompetenz. Was Unterricht zu leisten hat, Bonn 2008, S. 184.
[99] Demuth 2005,S. 57.
[100] Vgl. Eilks, Ingo: Neue Wege zum Teilchenkonzept- Oder: Wie man Basiskonzepte forschungs- und praxisorientiert entwickeln kann, in: Naturwissenschaften im Unterricht. Chemie, 18 Jg. 2007, Nr. 100-101, S. 23.

Teilchenkonzept, Stuktur-Eigenschaft-Konzept, Donator-Akzeptator-Konzept, Energie-konzept und Gleichgewichtskonzept.[101] Bei der Erarbeitung ergaben sich verschiedene Handlungsanweisungen zum Umgang mit Basiskonzepten: Zum einen sollen Basiskonzepte im engen Abgleich mit empirischen Forschungsergebnissen über Lernprozesse und Schülervorstellungen entstehen. Neben den empirischen Ergebnissen sollen auch fachliche Erkenntnisse sowie die Erfahrungswerte von Lehrern mit einbezogen werden. Zum anderen betont Ingo Eilks, Professor für Chemiedidaktik an der Universität Bremen, dass sich Basiskonzepte nicht auf dem Reißbrett entwickeln lassen. Sie müssen Prozesshaft entstehen und an die jeweiligen Erfahrungswerte angepasst werden.[102] „Ein vertraut Werden mit veränderten Strukturen innerhalb der Basiskonzepte erfordert Implementation. Die Praktiker müssen entlang eigener Erfahrungen mit veränderten Wegen vertraut werden und an ihrer Umsetzung mitwirken können. Eine Verordnung veränderter Strukturen in den Basiskonzepten birgt die Gefahr, dass vorhandene Vorstellungen diesen Veränderungen übergestülpt werden und das Produkt in der Mischung verschiedener Konzepte u. U. noch weniger konsistent wird."[103] Natürlich sind dies weise Wünsche, die in der Praxis oft an Zeitdruck, fehlenden empirischen Daten und unüberbrückbaren Differenzen zwischen den einzelnen Wissenschaftlern scheitern.

Auch innerhalb der Biologiedidaktik kam es zu Veränderungen nach dem PISA-Schock und der anschließenden Debatte um Kompetenzen. Innerhalb der 2004 definierten Bildungsstandards befand sich bereits eine Auflistung von Basiskonzepten, welche in der Vergangenheit allerdings häufig abgewandelt wurde. Deshalb gibt es auch in der Biologiedidaktik unterschiedliche Modelle von Basiskonzepten, die in verschiedenen Bundesländern Anwendung finden. Das Verständnis von Basiskonzepten ist innerhalb der Biologiedidaktik hingegen weitgehend einheitlich: „Basiskonzepte sind themenverbindende übergeordnete Regeln und Prinzipien, die eine Vielzahl von unterschiedlichen Phänomenen miteinander vertikal vernetzen. Sie sind die Antwort auf die unüberschaubare Stofffülle in naturwissenschaftlichen Disziplinen: Dem Lehrer bieten sie eine Möglichkeit als Filter bedeutsame Kompetenzen abzuleiten, die für das Verständnis biologischer Phänomene und Zusammenhänge wichtig sind. Noch wesentlicher ist die Funktion, die sie für die Lernenden haben: Ein Unterricht, der sich an Basiskonzepten orientiert, ermöglicht ihnen, eine Wissens- und Verständnisstruktur in der sonst unüberschaubaren Phänomen- und Faktenfülle der

---

[101] Vgl. Beyer, Irmtraut: Natura - Biologie für Gymnasien. Natura Basiskonzepte. Sekundarstufe I und II, Stuttgart, Leipzig 2006. , S. 10.
[102] Vgl. Beyer 2006, S. 7.
[103] Ebd., S.7

Biologie entwickeln: Immer wieder lassen sich biologische Phänomene auf gleiche Grundkonzepte zurückführen."[104] Basiskonzepte sind damit ein Grundelement des kumulativen Lernens. Dem Schüler soll verdeutlicht werden, dass biologische Phänomene nicht chaotisch oder willkürlich sondern auf allgemeine Prinzipien zurückzuführen sind. Dadurch können erhaltbare Wissensstrukturen erarbeitet werden. Ein Basiskonzept an dem dies besonders deutlich wird, ist das Gegenspielerprinzip.[105] Weitere eingebrachte Basiskonzepte waren: Struktur und Funktion, Kompartimentierung, Reproduktion, Steuerung und Regelung, Stoff- und Energieumwandlung, Variabilität und Angepasstheit, Information und Kommunikation, Geschichte und Verwandtschaft. In den Bildungsstandards beschränkte man sich allerdings auf die drei Basiskonzepte System, Struktur und Funktion und Entwicklung. Allerdings werden die angegebenen Konzepte unterschiedlich innerhalb der einzelnen Lehrpläne umgesetzt. Dabei liegt bereits eine Vielzahl von Anwendungsbeispielen und zu benutzenden Methoden vor.[106] Für das Fach Physik legte man fachliche Inhalte für die Bereiche: Felder, Wellen, Quanten und Materie fest. Innerhalb der Bildungsstandards einigte man sich auf die vier Basiskonzepte: Materie, Wechselwirkung, System und Energie.[107]

Zusammenfassend lässt sich also sagen, dass Basiskonzepte (Kernideen, Leitideen) versuchen die Phänomene zu bestimmen, die man benötigt, um Vorgänge in der Welt aus dem Blickwinkel eines bestimmten Unterrichtsfaches zu verstehen.[108] Innerhalb der nun folgenden Modelle, lassen sich einige Grundannahmen über Basiskonzepte, welche von Naturwissenschaftlern aufgestellt wurden, wiederfinden. Allerdings wird sich zeigen, dass die politische Bildung in der Erarbeitung von einheitlichen Konzepten und der empirischen Erforschung hinter den Naturwissenschaften zurückbleibt. Dies ist sicherlich auch darin begründet, dass die KMK die Bildungsstandards der GPJE nicht verbschiedet hat und es sicherlich schwieriger ist innerhalb geisteswissenschaftlicher Fächer einen Kanon über einheitliche inhaltliche Konzepte zu definieren, da das Themenfeld hier mit unter viel breiter ist und daher differenzierter betrachtet werden muss.

---

[104] Lichtner, Hans-Dieter: Zum Umgang mit Basiskonzepten im Unterricht, Stand: 06.06.2007 URL.: http://www.biologieunterricht.homepage.t-online.de/Biodateien/Umgang%20Basiskonzepte.pdf, (abgerufen am: 16.08.2011)
[105] Eine Vielzahl von Abläufen lässt sich innerhalb der Biologie mit diesem Phänomen erklären. vgl. dazu: Beyer 2006, S. 6.
[106] Vgl. ebd. S. 10f.
[107] Vgl. ebd. S. 10.
[108] Vgl. Henkenborg 2011, S. 121f.

4.2. Die erste Phase: Die Entwicklung erster Modelle in der politischen Bildung

Wie auch in anderen Fächern, haben sich verschiedenste Fachdidaktiker stark mit der Benennung von relevanten Inhalten für die politische Bildung beschäftigt. Es besteht auch eine gewisse Einigkeit darüber, dass Wissen Schüler dazu befähigen soll, innerhalb der politischen Lebenswelt partizipieren zu können, wenn sie es wollen.[109] Sie sollen in der Lage sein das erworbene Wissen anzuwenden und dazu befähigt werden, sich selbständig Inhalte anzueignen. Allerdings gehen die Meinungen über die konkreten Inhalte kompetenzorientierter politischer Bildung auseinander. Auch gibt es unterschiedliche Ansichten, ob als Bezugswissenschaft für die Generierung von Inhalten nur die Politikwissenschaft dienen soll oder auch andere Gebiete wie beispielsweise die Soziologie, die Rechtswissenschaften und/oder die Ökonomie einbezogen werden sollten.

Um für den anschließenden Vergleich der zwei aktuellen Modelle von Basiskonzepten eine Grundlage zu schaffen, sollen einige Ansätze verschiedener Fachdidaktiker dargestellt werden. Dabei handelt sich nicht bei allen um komplette Modellentwürfe, sondern vielfach auch um Vorschläge oder Anmerkungen.

4.2.1. Kernkonzepte der Politik (Georg Weißeno)

Die Idee der Basiskonzepte (Kernkonzepte) ist zuerst von Georg Weißeno, Professor für Politikwissenschaft und ihre Didaktik an der pädagogischen Hochschule Karlsruhe, aus den Naturwissenschaften übertragen worden. Zur Erarbeitung von einheitlichen Kernkonzepten innerhalb der Didaktik forderte er seine Kollegen auf, ihre theoretischen Konzepte stärker lernpsychologisch zu fundieren und sich intensiver mit Schülervorstellungen (mentalen Modellen) und Kernkonzepten der einzelnen Fachwissenschaften (Ökonomie, Politik) zu

---

[109] Vgl. Juchler, Ingo: Die Bedeutung von Basis- und Fachkonzepten für die kompetenzorientierte politische Bildung, in: Juchler, Ingo (Hrsg.): Kompetenzen in der politischen Bildung, Schwalbach/Ts. 2010, S. 233.
[101] Vgl. Massing, Peter: Basiskonzepte für die politische Bildung. Ein Diskussionsvorschlag, in: Weißeno, Georg (Hrsg.): Politikkompetenz. Was Unterricht zu leisten hat, Bonn 2008, S. 184, 191.,. vgl. Massing 2010b, S. 18ff.

befassen. Um Schülervorstellungen zu kennen, müssten umfassende quantitative Studien durchgeführt werden. Kernkonzepte, von denen die Schüler bereits Grundkenntnisse (Vorwissen) besitzen, werden innerhalb des Unterrichts durch die wissenschaftliche Verdichtung von Begriffen ausdifferenziert. Ziel ist es dabei auch gegebenenfalls Fehlkonzepte zu berichtigen. [110] Diese Vorgaben von Georg Weißeno werden sich auch stark im später vorgestellten Modell der Autorengruppe des Bandes „Konzepte der Poltik- ein Kompetenzmodell wiederfinden lassen.

Georg Weißeno verweist in seinem ersten Ansatz auf die Wirtschaftspädagogik. Er führt sie als Beispielwissenschaft an, der es gelungen sei sich auf allgemeine Kernkonzepte zu einigen. Mit diesen soll messbar sein, in wieweit Schüler Kernbegriffe der Ökonomie verdeutlicht haben. Das so entstandene Expertenmodell[111] soll eine fachdidaktische Diagnostik im Umfeld des Wirtschaftsunterrichts, der in den meisten Bundesländern mit dem Politikunterricht in einem Fach verbunden ist, erleichtern. Diese Kernkonzepte sollen den Schülern zudem helfen sich auf das Feld der Ökonomie besser greifen zu können und dadurch sollen Wechselwirkungen mit anderen Bereichen, vor allem dem Bereich der Politik deutlich werden. [112]

Für die Politikdidaktik rät Georg Weißeno, sich am Beispiel der Ökonomie zu orientieren und sich auf Kernkonzepte aus der Fachwissenschaft Politik zu beziehen, gerade im Hinblick auf die Interpretation von Schülervorstellungen (mentale Modelle). Ebenso sei es notwendig sich bei der Erarbeitung von Testaufgaben für die Bildungsstandards der GPJE ebenfalls auf ein Expertenmodell zu beziehen. Weißeno unternahm den Versuch, Fundamentalkonzepte der Politikwissenschaften zu benennen, wobei er sich vorwiegend auf Einführungswerke bzw. Standardwerke der Politikwissenschaft bezog. Dabei ergaben sich folgende Kernkonzepte: 1.Freiheit, Gleichheit, Solidarität und Frieden 2. Öffentlichkeit, 3. Macht und Legitimität, 4. Interessen-Vermittlung und politische Willensbildung, 5. Politische Systeme und 6. Pluralität.[113] Seine Vorgehensweiße soll an einem Beispiel kurz näher beleuchtet werden: „In vielen Standardwerken wird darauf hingewiesen, dass der normative Bezugspunkt aller Institutionen, Rechtsregeln und politischen Annahmen das Individuum mit seiner Menschenwürde ist. *Freiheit, Gleichheit, Solidarität und Frieden* sind Werte, die dem

---

[110] Vgl. Weißeno, Georg: Kernkonzepte der Politik und Ökonomie- Lernen als Veränderung mentaler Modelle, in: Weißeno, Georg: Politik und Wirtschaft unterrichten, Bonn 2006, S.120.
[111] Weißeno bezieht sich auf das Modell von Beck et al., vgl. dazu: Beck, Klaus: Wirtschaftliches Wissen und Denken-Zur Bestimmung und Erfassung ökonomischer Kompetenz, in: Euler Dieter (Hrsg.): Sozialökonomische Theorie- sozialökonomisches Handeln, Kiel 200, S.216.
[112] Vgl. Weißeno 2006, S.133f.
[113] Vgl. ebd. S. 135ff.

politischen Handeln zugrunde liegen sollten: Sie sind teilweise vorpolitische Übereinstimmungen, da sie auch Verhaltensstandards für alle Menschen im sozialen Umgang festlegen. Andererseits ist die Politik auf einen gewissen Kanon an Werten angewiesen. Diese politischen Ideen sind vielfach kombinierbar und müssen im politischen Prozess hervorgebracht und stabilisiert werden."[114]

Weißeno plädiert für die Notwendigkeit von allgemein anerkannten Kernkonzepten innerhalb der Fachdidaktik, um somit einen Rahmen für die empirische Lehr-Lernforschung zur Verfügung zu haben und darauf aufbauend Wissens- und Kompetenztests erstellen zu können.[115] Er legt gerade auf die Evaluierbarkeit von Unterricht den Hauptfokus bei seinen Überlegungen.

4.2.2. Modell von Basiskonzepten nach den unterschiedlichen Typen gesellschaftlichen Handelns (Peter Massing)

Peter Massing, derzeit Professor für Sozialkunde und Didaktik der Politik an der Freien Universität von Berlin, orientiert sich bei seinem Entwurf ebenso an naturwissenschaftlichen Fächern, in welchen bereits Basiskonzepte entwickelt wurden. Er beschreibt aber auch, dass es sich in der Politikdidaktik als äußerst schwierig erweist Wissen begrifflich zu fassen, da es nicht nur eine sondern mehrere Bezugswissenschaften gibt.[116]

Basiskonzepte werden als fachwissenschaftliche Konzepte verstanden, welche sich aber nicht rein fachwissenschaftlich ableiten lassen. Sie beruhen zum einen auf theoretischen Entscheidungen und bedürfen zum anderen, damit sie weder unausgegoren noch fragmentierend wirken und allgemeine Anerkennung finden können, einer Übereinkunft der Politikdidaktik nach einem entsprechenden Diskurs.[117]

---

[114] Weißeno 2006, S.137.
[115] Vgl. ebd. S. 138.
[116] Vgl. Massing, Peter: Basiskonzepte für die politische Bildung. Ein Diskussionsvorschlag, in: Weißeno, Georg (Hrsg.): Politikkompetenz. Was Unterricht zu leisten hat, Bonn 2008, S. 184f.
[117] Vgl. ebd. S. 191.

Bei seinem vorgelegten Diskussionsvorschlag (Abb.: 2), wobei Massing dabei auf Ansätze von Talcott Parsons[118] und Thomas Meyer[119] zurück greift, geht er von der These aus, das Gesellschaften nur dann bestehen können, wenn fünf Grundfunktionen erfüllt werden. Wirtschaft, Kultur, Gemeinschaft, Recht und Politik sind als Grundtypen menschlichen Handelns notwendig. Obwohl sie in einem engen Abhängigkeitsverhältnis stehen, ist keine der anderen übergeordnet oder kann ersetzt werden. Aus dem zentralen Medium, dem Ziel und der Handlungslogik des jeweiligen Systems ergeben sich die Basiskonzepte, aus welchen dann Fachkonzepte in Form von Grundbegriffen abgeleitet werden können. Politik steht im Zentrum, da alle anderen Systeme Voraussetzung, Basis bzw. Resultat von Politik sind. Jedes System steht in vielfältigen Beziehungen zu den anderen Systemen.[120]

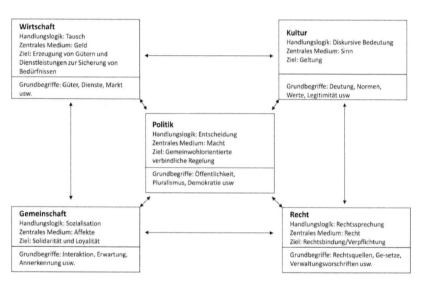

(Abb.: 2 Gesellschaft, Massing 2008, S. 195)

Insgesamt ergeben sich laut Massing 15 Basiskonzepte und eine Vielzahl von Fachkonzepten. Am Beispiel Wirtschaft soll verdeutlicht werden, welche Basiskonzepte er in diesem Segment verortet: „Basiskonzepte der Wirtschaft sind erstens die zentralen Ziele, d.h. Erzeugung von Gütern und Dienstleistungen zur Sicherung der Bedürfnisse des Lebens und des Überlebens.

---

[118] Vgl. dazu: Parsons, Talcott: The social system, New York 1951.
[119] Vgl. dazu: Meyer, Thomas: Was ist Politik? Wiesbaden 2006.
[120] Vgl. Massing 2010b, S. 21.

Die grundlegende Logik, an der sich wissenschaftliches Handeln bemisst, ist der Tausch, der das zweite Basiskonzept konstituiert. Das Medium, das den Tausch reguliert, das Geld ist das dritte Basiskonzept. Aus diesen drei Basiskonzepten lassen sich Grundbegriffe im Sinne von Fachkonzepten ableiten wie: Markt, Güter, Dienste usw.[121]

4.2.3. Verfassungspolitische Grundsätze als Ausgangspunkt für die Entwicklung von Basiskonzepten (Joachim Detjen)

Joachim Detjen, Professor für Politikwissenschaften mit dem Schwerpunkt Politische Bildung an der katholischen Universität Eichstätt/Ingolstadt, versteht Basiskonzepte als Grundvorstellungen eines wissenschaftsbasierten Unterrichtsfaches, in welchem sie den inhaltlichen Kern des Faches abbilden und daher domänenspezifisch sowie fachdidaktisch und lerntheoretisch begründet seien müssen. Dabei sollten sie alle Themen des Unterrichts umfassen um eine horizontale und vertikale Vernetzung von Wissensstrukturen zu ermöglichen.[122]Detjen verwehrt sich dagegen Basiskonzepte ausschließlich aus der Bezugswissenschaft herauszufiltern, wie es innerhalb der naturwissenschaftlichen durchaus üblich und legitim ist, da es nicht die Aufgabe von politischer Bildung sei, eine politikwissenschaftliche Weltsicht zu vermitteln. Dies würde im Widerspruch mit den geforderten Kompetenzen der Handlungs- und Urteilsfähigkeit stehen. Zudem rekrutieren sich die Gegenstandsbereiche der politischen Bildung aus wirtschaftlichen, rechtlichen und sozialen Bereichen, die laut Detjen somit vernachlässigt würden. Aus diesen Kriterien schließt er auf das: „Die gesuchten Basiskonzepte müssen daher prinzipieller als die Grundwerte und die Staatsfundamentalnormen der freiheitlichen Demokratie sein. Man könnte auch sagen, dass hinter Basiskonzepten diejenigen politischen Prinzipien stehen müssen, die den demokratischen Verfassungsstaat generieren.“[123] Detjen begründet seine Ansicht damit, dass verfassungsrechtliche Grundsätze als Institutionen des politischen Gemeinwesens durchaus

---

[121] Massing 2008, S.194.
[122] Vgl. Detjen, Joachim: Verfassungspolitische Grundsätze der freiheitlichen Demokratie. Ein fruchtbares Reservoir für Basiskonzepte der politischen Bildung, in: Weißeno, Georg (Hrsg.): Politikkompetenz. Was Unterricht zu leisten hat, Bonn 2008 S. 199f.
[123] Ebd. S. 203.

eine Ordnungsfunktion haben sowie strukturell aktuell sind und bleiben werden. Sie umfassen neben politischen auch rechtsstaatliche sowie soziale Elemente.[124]

Daraus ergeben sich nach seinem Verständnis folgende Konzepte: 1. Volkssouveränität, 2. Repräsentation, 3. Wahlen, 4. Mehrheitsprinzip, 5. Opposition, 6. Gewaltenteilung, 7. Herrschaftsbegrenzung, 8. Herrschaft des Rechts, 9. Grundrechte, 10. Gesellschaftlicher Pluralismus. Laut Detjen sind alle Konzepte zum Verständnis von freiheitlicher Demokratie notwendig. Eine Unterteilung in eine unterschiedliche Anzahl von Subkonzepten musste aufgrund der unterschiedlichen Komplexität der einzelnen Basiskonzepte vorgenommen werden. So werden dem Konzept ,Repräsentation' verschiedene Subkonzepte (National- und Volksrepräsentation, virtuelle uns aktuelle Repräsentation, Responsivität, Verantwortung, Amtsprinzip, Gemeinwohl, Identität usw.) zugeordnet. Zudem sind die einzelnen Basiskonzepte unterschiedlich stark miteinander vernetzt.[125]

4.2.4.Basiskonzepte politischer Bildung (Wolfgang Sander)

Wolfgang Sander, welcher die Professur für Didaktik der Gesellschaftswissenschaften an der Justus-Liebig-Universität Gießen inne hat, beschäftigte sich bereits sehr frühzeitig und intensiv mit der Erarbeitung von Basiskonzepten. Er publizierte in mehreren Zeitschriften zu seinem Ansatz, der sich deutlich vom Vorverständnis der vorher dargestellten Ansätze unterscheidet. Sander orientiert sich bei der Erarbeitung seines Modells an einem konstruktivistischen Verständnis von Konzept. Er orientiert sich dabei an der Definition von Georgory L. Murphy[126] „Concepts are the glue that holds our mental world togehther" Demnach sind nicht nur Wissensbestände sondern auch Emotionen, Handlungen, Situationen Teil seines Konzeptverständnisses. Mit ihren Vorstellungen orientieren sich die Menschen innerhalb ihrer Umgebung und interpretieren die sinnlichen Eindrücke der äußeren Welt.[127] Nach konstruktivistischem Verständnis besitzen Kinder solche Konzepte bereits wenn sie in

---

[124] Vgl. ebd. S. 204f.
[125] Vgl. Detjen 2008, S. 206.
[126] Zum näheren Verständnis des Konzeptbegriffe nach Murphy empfiehlt sich: Murphy, Gregory L.: The Big Book of Concepts, Cambridge 2004.
[127] Vgl. Sander, Wolfgang: Konzepte und Kategorien in der politischen Bildung, in: Goll, Thomas (Hrsg.): Politikdidaktische Basis- und Fachkonzepte, Schriftenreihe der Gesellschaft für Politikdidaktik und Jugend- und Erwachsenenbildung, Schwalbach/Ts 2011c, S. 35-36.

die Schule kommen. Auf diesem Vorwissen muss in der Schule aufgebaut werden. Dies steht für Sander allerdings nicht im Widerspruch mit der Aufgabe des Unterrichts, die Konzepte der Schüler in der Beschäftigung mit wissenschaftlichem Wissen mit Blick auf Pluralismus und Kontroversität zu erweitern oder zu verändern. Das Ziel politischer Bildung muss es demnach sein, die Konzepte mit denen Schüler politische Prozesse wahrnehmen, zu erkennen und diese in der Beschäftigung mit neuem Wissen aus den Sozialwissenschaften weiterzuentwickeln (Steigerung des Komplexitätsgrades).[128] In der Fachdidaktik werden in Anlehnung an andere Fächer diese grundlegenden Konzepte als „Basiskonzepte" diskutiert. Diese Basiskonzepte definieren dabei den Kern des Faches, welcher durchaus unterschiedlich verstanden wird. Laut Sander hat die Diskussion um Basiskonzepte die jahrelange Diskussion um kategoriale Bildung in der Politikdidaktik abgelöst. [129]

Sander selbst schlug ein Modell (Abb.: 3) mit sechs Basiskonzepten vor. Sie stellen eine fundamentale Ebene und somit eine erste Konkretisierung des Wissens dar. Die Grundfrage: „Auf welche Weise wir als Gesellschaft zusammenleben wollen?", wird durch die dargestellten Basiskonzepte unterschiedlich betrachtet. Um auf für oben gestellte Frage ‚Antworten' zu finden, müssen, laut Sander, verschiedene grundlegende Fragen des Faches betrachtet werden:

„1. Wer kann mit welcher Berechtigung Macht ausüben? (Macht)

2. Wie entsteht Recht und wie lässt sich das Verhältnis von Recht und Gerechtigkeit verstehen? (Recht)

3. Was ist gut für das Gemeinwesen und nach welchen Maßstäben kann dies beurteilt werden? (Gemeinwohl)

4. Was kennzeichnet das Zusammenleben in modernen Gesellschaften sowie zwischen Gesellschaften in Europa und weltweit? (System)

5. Was unterscheidet menschliches Handeln im öffentlichen Leben vom privaten Bereich? (Öffentlichkeit)

6. Wie kann und soll der Umgang mit knappen Gütern gestaltet und politisch geregelt werden? (Knappheit)"[130]

---

[128] Vgl. Sander, Wolfgang: Vom „Stoff"" zum „Konzept" -Wissen in der politischen Bildung, in: POLIS, 2007b, Nr. 4, S. 19-24.
[129] Vgl. Sander, Wolfgang: Basiskonzepte. Grundlagen und Konsequenzen für Politikunterricht, in: Wochenschau, Sonderausgabe Sek. I und II, 61. Jg. 2010, S. 36.
[130] ebd. S. 42.

Sander differenziert die Inhalte dieser Basiskonzepte noch weiter aus und führt an das man keine genaue Definition geben kann, da es unterschiedliche Vorstellungen von diesen Konzepten, die weder richtig noch falsch (höchstens problematisch und weniger praktikabel innerhalb der Welt sein können) sind. Die Basiskonzepte konkretisieren somit nur den fachlich-inhaltlichen Bereich des Wissens. Im Modell wird die Vernetzung der Basiskonzepte mit verschiedenen weiteren Konzepten verdeutlicht. Das Modell stellt nur eine Auswahl besonders bedeutsamer Konzepte dar und kann erweitert werden. Sander beschreibt Basiskonzepte mit Knotenpunkten in Netzwerken politischen Wissens und Denkens. Ein komplexeres Modell sollte laut Sander mehrdimensional sein und die Begriffe sollten darin variable gestaltet werden.[131]

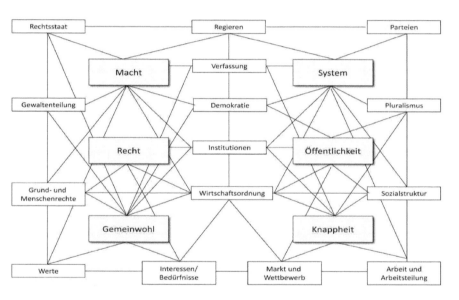

(Abb.: 3 Basiskonzepte Poltischer Bildung, Sander 2007, S. 103)

[131] Vgl. Sander 2007a, S. 98-103.

4.2.5. Kategoriale Bildung (Peter Henkenborg)

Auch Peter Henkenborg, Inhaber der Professur für Didaktik der politischen Bildung an der Phillips Universität Marburg, ging mit den allgemeinen Reformbestrebungen, den Aufbau von Kompetenzen ins Zentrum von Unterricht zustellen, mit. Allerdings blieb er bei seinem kategorialen Ansatz (in der Tradition von Hermann Giesecke) und wollte kein neues Modell mit Basiskonzepten erarbeiten, wie dies viele seiner Kollegen taten. Verschiedene kategoriale Ansätze hatte es zuvor nicht nur in der Politikwissenschaft sondern auch in anderen Fächern gegeben. Zur Begründung seiner Zurückhaltung hinsichtlich der Basiskonzepte bezog sich Peter Henkenborg auf Tilman Grammes, der das kategoriale Paradigma der politischen Bildung definiert hatte: „Der Fachunterricht soll von aktuellen und exemplarischen Alltagserfahrungen, Schlüsselproblemen oder Konflikten ausgehen (Fallprinzip) und den Lernenden helfen, diese mit Hilfe von Kategorien und kategorialen Schlüsselfragen zunehmend selbstständig zu analysieren, um zu eigenständigen und begründeten Urteilen und Handlungen zu gelangen."[132] Für Henkenborg begann die Diskussion um die Frage nach einem kompetenzorientierten Unterricht nach Vorgabe der Bildungsstandards der GPJE mit der Klärung der Unterrichtsziele. Als zentrales Ziel verstand er die Vermittlung von Demokratiekompetenz. „Demokratiekompetenzen sind die kognitiven, motivationalen, volitionalen und sozialen Fertigkeiten und Fähigkeiten, über welche Lernende verfügen sollen, um sich autonom und verantwortungsvoll an der Bewältigung der Probleme und Konflikte ihres Zusammenlebens durch die demokratische Herstellung und Durchsetzung von allgemeiner Verbindlichkeit beteiligen zu können. Demokratiekompetenz orientiert sich an der Leitidee der politischen Mündigkeit und umfasst drei Kernkompetenzen: politische Urteilsfähigkeit, Sozialkompetenzen bzw. demokratische Bürgertugenden und politische Handlungsfähigkeit."[133]

Im inhaltlichen Kern politischer Bildung sollte laut Peter Henkenborg die Auseinandersetzung mit kategorialen Schlüsselproblemen aus Gegenwart und Zukunft stehen. Kategoriale Schlüsselfragen werden dabei aus dem Gegenstandsbereich der Sozial- bzw. Politikwissenschaft heraus generiert. Die Fragen wurden als kognitive Struktur begriffen, die das Verallgemeinerbare der Wissenschaft im Unterricht erlernbar und wiedererkennbar machten. Als eine Möglichkeit stellte Henkenborg sein eigenes Modell (Abb.: 4) zur

---

[132] Grammes, Tillman: Kommunikative Fachdidaktik, in: Kursiv, 2000, Nr.2, S.26.
[133] Henkenborg, Peter: Kategoriale Bildung und kompetenzorientierte politische Bildung , in: Weißeno, Georg (Hrsg.): Politikkompetenz. Was Unterricht zu leisten hat, Bonn 2008, S. 214.

Diskussion, welches seinen Politikbegriff dem Politikverständnis von Werner Patzelt entnimmt, wonach Politik jenes menschliche Handeln darstellt, welches auf die Herstellung allgemeiner Verbindlichkeiten zwischen Menschengruppen abzielt. Zudem orientiert sich dieses Modell am Grundmodell klassischer Gesellschaftstheorien, welche im Kern die Klärung der Beziehungen zwischen Ideen, Interessen, Entscheidungen usw. erstreben. Aber auch postmoderne Theorien erhalten durch die Kategorien *Globalität* oder *Risiko*, Einzug in das Modell von Henkenborg. [134]

Anforderungsstufen „Konventionelle Schemainterpretation" 1)Betroffenheit/Bedeutsamkeit 2)Deutungsmuster 3)Gefühle 4) Identifikation		
⇕	⇕	⇕
AB „Beschreiben"	AB „Analysieren	AB „Beurteilen"
5)Problem/Problemdruck/Leidensdruck 6) Betroffene/Beteiligte 7) Bedürfnisse/Interessen 8) Verstehen	8) Gewohnheit 9) Ungewissheit 10) Chancen/Gefahren 11) Grenzen 12) Macht/Herrschaft 13) Normen 14)Institutionen/Organisationen 15)Globalität 16) Kommunikation 17) Partizipation	18)Ziel-/Prinzipien- konflikte/Dilemmata 19)Effizienz 20) Gerechtigkeit 21)Wohlergehen 22)Wohlgefallen

(Abb.:4: Ein politikdidaktisches Kategorienmodell, Henkenborg 2006, S. 223)

Innerhalb der kategorialen Bildung sollen nicht die Kategorien selbst, sondern vielmehr die Kompetenzentwicklung der Schüler stehen. Sie selbst sollen die Inhalte hinterfragen lernen. Zu diesem Zweck müssen die Kategorien in sinnvolle Fragen umgewandelt werden, um Schülern über Schlüsselfragen einen besseren Zugang zu den Inhalten zu gewährleisten. Dies ist laut Ansicht des Fachdidaktikers im hohen Maße kompetenzorientiert. [135]

Henkenborg kritisiert an den damals bestehenden Modellen von Basiskonzepten, wie beispielsweise dem von Georg Weißeno[136], das diese nicht vollständig sind und postmoderne Theorien sowie Theorien der reflexiven Modernisierung außer Acht ließen. Demnach sei ein Wechsel der Begriffe kein Garant für ein einheitliches Modell, zumal die auch die Ideen der

---

[134] Vgl. ebd. S.221f.
[135] Vgl. Henkenborg 2008, S.225.
[136] Vgl. hierzu Kapitel 4.2.1., vgl. Weißeno 2006, S. 137f.

kategorialen Bildung kognitionspsychologisch anschlussfähig seien, da Wissen sich aus Begriffen und Beziehungen zwischen ihnen heraus entwickelt.[137]

4.2.6. Die Identifikation von Kernkonzepten der politischen Bildung aus Schlüsselkategorien (Dirk Lange)

Auch Dirk Lange, Professor für Didaktik der politischen Bildung an der Leibniz Universität Hannover, verwehrte sich dagegen, Konzepte für den Politikunterricht allein aus den Fachwissenschaften heraus zu generieren, da sonst die politische Bildung als ein Ablösen von Fehlkonzepten (Defizitorientierung) durch wissenschaftliche Konzepte verstanden werden könnte. Dies entspräche jedoch nicht seiner Philosophie des Faches, einen mündigen Bürger zu bilden.[138] In Anlehnung an die Klieme-Studie, rückt Lange daher eher Schülerkonzepte und Anwendungssituationen in den Fokus, da sie sich stärker auf Kompetenzorientierung beziehen. Als wichtigste Kompetenz wird dabei die politische Mündigkeit genannt, welche in Urteilen und Handlungen der Bürger sichtbar wird. Daher schlägt Lange vor, Kernkonzepte aus dem Bürgerbewusstsein der Lernenden heraus zu entwickeln[139] und folgt damit ebenso wie Wolfgang Sander einem konstruktivistischen Verständnis von Konzeptgenerierung.

Das Bürgerbewusstsein stellt nicht die politische Wirklichkeit dar sondern jeder Mensch konstruiert sein eigenes mentales Modell unter Einbeziehung seines gesellschaftlichen, politischen und ökonomischen Vorwissens und seiner Erfahrungen. Dirk Lange geht von einer Hierarchie aus, nach welcher jeder Mensch zuerst verschiedene Symbole besitzt und erst durch ihre Verknüpfung entstehen Konzepte. Aus komplexen Konzepten entwickeln sich Sinnbilder, welche die subjektive Welt durch Grundsätze und Rechtfertigungen erkennbar machen. Da jeder Mensch andere Konzepte besitzt, ergeben sich unterschiedliche Sinnbilder, welche domänen-, kontext- und situationsabhängig sind. Lange vermutet das jeder Mensch

---

[137] Henkenborg verweist dabei auf Klix, Friedhart: Über Wissenspräsentationen im menschlichen Gedächtnis, in: Klix, Friedhart (Hrsg.): Gedächtnis-Wissen-Wissensnutzung, Berlin 1984, S. 9-73.

[138] Vgl. Lange, Dirk: Kernkompetenz des Bürgerbewusstseins. Grundzüge einer Lerntheorie der politischen Bildung, in: Weißeno, Georg (Hrsg.): Politikkompetenz. Was Unterricht zu leisten hat, Bonn 2008, S. 245f.

[139] Dirk Lange verweist dabei auf einen Artikel von ihm und Gerhart Himmelmann zum Thema „"Demokratisches Bewusstsein und politische Bildung, in: Lange, Dirk/ Himmelmann Gerhart (Hrsg.): Demokratiebewusstsein. Interdisziplinäre Annäherung an ein zentrales Thema der Politischen Bildung, Wiesbaden 2007, S 15-25.

fünf Sinnbilder (Vergesellschaftung, Wertbegründung, Bedürfnisbefriedigung, Gesellschafts-wandel, Herrschaftslegitimation) besitzt, welche in ihrer wissenschaftlichen Ausprägung variieren[140]. Für jedes Sinnbild benennt er fünf hypothetische Kernkonzepte. Die Vorgehensweise soll am Beispiel „Vergesellschaftung" kurz dargestellt werden. Diese „strukturiert das Bürgerbewusstsein und Vorstellungen darüber, wie sich Individuen in die und zu einer Gesellschaft integrieren. Lernende haben Vorstellungen über das Verhältnis von Individuum und Gesellschaft. (...) Im Bürgerbewusstsein entwickeln sich Aussagen und Begründungen über die Bedeutung von sozialen Differenzen (...) Um sich erklärbar zu machen, wie trotz der sozialen Vielfalt gesellschaftliches Zusammenleben funktioniert, werden Konzepte der Pluralität entwickelt. (...) Zur Beantwortung der Frage, was Gesellschaft trotz ihrer Vielfalt zusammenhält, sind im Bürgerbewusstsein auch Formen der Integration und Kommunikation von Gesellschaftsmitgliedern vorhanden. So lassen sich für die Sinnbildung ‚Wie integrieren sich Individuen in die Gesellschaft?' fünf Kernkonzepte unterscheiden: Individuum, Heterogenität, Gesellschaft, Integration, Öffentlichkeit."[141]

Kernkonzepte können dabei, gemessen an einer konstruktivistischen Auffassung von Lehren, nicht pauschal unterrichtet werden sondern müssen durch gestaltete Lernumgebungen dem Schüler individuell zugänglich sein. Erst durch die eigene Auseinandersetzung mit Problemstellungen können Konzepte verinnerlicht und vernetzt werden.[142]

4.2.7. Die Definition von Fachkonzepten am Beispiel der Außenpolitik (Ingo Juchler)

Ingo Juchler, Professor für politische Bildung an der Universität Potsdam, befasste sich nicht mit den Inhalten von politischer Bildung im Allgemeinen, sondern versuchte sich an der Konstruktion von Fachkonzepten aus dem Bereich der Außenpolitik. Auch er unterscheidet bei der Generierung von Inhalten zwischen naturwissenschaftlichen und geisteswissenschaftlichen Fächern. Gesetzmäßigkeiten, sowie die Übertragung einer hierarchischen Anordnung seien in der Politikwissenschaft äußerst schwierig. Politische

---

[140] Vgl. Lange 2008, S. 247f.
[141] Ebd. S. 248f.
[142] Vgl. Lange 2008, S. 254.

Begriffe sind stärker als Begriffe aus anderen Disziplinen, bedingt durch historische Prozesse oder Ideologisierung, einem Bedeutungswandel[143] unterzogen.[144]

Juchler unterscheidet zum Themenbereich Außenpolitik zwei Fachkonzepte: Realismus und Idealismus, da sich nach seiner Auffassung alle Theorien zwischen diesen beiden Polen bewegen. Der Schüler muss nun in der Lage sein, zwischen beiden bekannten Konzepten zu unterscheiden, diese auf unterschiedliche Quellen anwenden und schließlich auch eine eigene Meinung innerhalb eines Falles vertreten zu können. Zur Erarbeitung der verschiedenen Positionen bedarf es laut Juchler verschiedener politischer Kategorien wie Macht, Interesse und Recht.[145]

Zum Aufbau eines Wissensnetzes und zur Filterung geeigneter Basiskonzepte für den Politikunterricht, zeigte der Fachdidaktiker am Beispiel der Außenpolitik, wie adäquate Begriffe aus der Fachliteratur heraus generiert und didaktisch reduziert werden müssen, um für die Schüler relevant und aktuell zu sein. Diese Konzepte befähigen den Schüler an aktuellen Diskussionen mündig teilzunehmen und politisch zu partizipieren.[146]

4.2.8. Basiskonzepte unter Einbeziehung der Lebenswelt und der Politik (Andreas Petrik)

Andreas Petrik, Inhaber der Professur für Didaktik der Sozialkunde in Halle, kritisiert, mit Blick auf das Kompetenzmodell von Weißeno et al., dass Basiskonzepte oft nach einer verengten Politikauffassung, welche soziologische Ansätze ausklammert, konzipiert werden. Diese Fixierung auf die Politik, verstanden als Handlungen des Staates, im Kern des Unterrichtsfaches verkennt die feste Verankerung des Politischen im gesellschaftlichen Alltag und somit in der Lebenswelt der Menschen. So entscheidet man zum Beispiel innerhalb des

---

[143] Juchler verdeutlicht dies am Beispiel des Begriffes „Demokratie" dessen Verständnis sich im Laufe der Jahrhunderte veränderte. Zudem sei es nicht irrelevant wer das Wort in welchem Kontext benutzt (Bsp.: Angela Merkel oder Thabo Mbekis), vgl. dazu: Juchler, Ingo: Politische Begriffe der Außenpolitik. Konstituenten von Fachkonzepten und Political Literacy, in: Weißeno, Georg (Hrsg.): Politikkompetenz. Was Unterricht zu leisten hat, Bonn 2008, S. 172.
[144] Vgl. ebd. S. 169ff.
[145] Vgl. ebd. S. 176f.
[146] Vgl. Juchler 2008, S. 181f.

Privatlebens, welche sozialen Probleme für einen relevant sind. Petrik beschreibt den Vorgang, wonach sich aus persönlichen Belangen kontroverse Orientierungen (policy), welche in lebensweltlichen Aushandlungsprozessen (politics) einen Wertewandel vollziehen und somit in einem neuen Normalgleichgewicht enden, als „alltagspolitischen Zyklus". Dieser wirkt über gesamtgesellschaftliche Entwicklungen auf politische Prozesse. Diesen Aspekt gilt es nach Ansicht Petriks innerhalb politikdidaktischer Basiskonzepte herauszustellen. Des Weiteren sollen Basiskonzepte dabei helfen, exemplarische Fälle herauszufiltern und sie angemessen auszuwerten.[147]

Andreas Petrik schlägt in seinem Ansatz drei Basiskonzepte vor, welche verschiedene Macht- und Politikbegriffe einbeziehen und sich dabei weniger auf den Aspekt „Wissen" sondern eher auf seine perspektivische Verankerung beziehen. „System", „Politische Grundorientierung" und „Akteure und Machtbildungsprozesse" erfüllen als Konzepte die gegebenen Ansprüche und orientieren sich dabei am elementaren Politikzyklus nach Hilligen und Sutor: „Sehen-Beurteilen-Handeln."[148] Petrik beschreibt seine Basiskonzepte dabei noch genauer:

„1. System (Situationen, Regeln, Institutionen, Handlungsebenen &- möglichkeiten) als rechtlicher, politischer, wirtschaftlicher und gesellschaftlicher Handlungsrahmen. (…)
2. Politische Grundorientierung als kontroverse Bewertungsmaßstäbe (Bedürfnisse, Werte, resultierende Konfliktlinien und Interessen) und Lösungskonzepte (Programme, empirische und normative Gesellschaftstheorien) für gesellschaftliche Probleme.(…)
3. Machtbildungsprozesse (Geltungsansprüche, Rolle, Funktion) als zweck- und wertrationale bestimmte Aushandlung oder Etablierung von Verbindlichkeit und Wandel durch Normsetzung, Herstellung von Öffentlichkeit, Gesetzgebung und Theoriebildung interessengeleiteter Akteure."[149]

Basiskonzepte müssen laut Petrik aus einem Zusammenspiel sozialwissenschaftlicher Theoriebildung, institutioneller Gesetzgebung und gesellschaftlicher Normsetzung generiert werden, da sonst, bei einem zu engen Politikbegriff, der sich vorwiegend auf die Handlungen des Staates bezieht, dem Schüler u. a. Zugänge zu anderem Dimensionen des Politischen

[147] Vgl. Petrik, Andreas: Politische Konzepte ohne soziologische Basis?, in: Goll, Thomas (Hrsg.): Politikdidaktische Basis- und Fachkonzepte, Schriftenreihe der Gesellschaft für Politikdidaktik und Jugend- und Erwachsenenbildung, Schwalbach/Ts 2011b, S.49f.
[148] Vgl. Petrik, Andreas: Das Politische als soziokulturelles Phänomen. Zur Notwendigkeit einer wertbezogenen, soziologischen und lernpsychologischen Modellierung politischer Basiskonzepte am Beispiel „politische Grundorientierung", in: Autorengruppe Fachdidaktik: Konzepte der politischen Bildung, Bonn 2011a, S. 76.
[149] Petrik 2011b, S. 51f.

verschlossen bleiben. Dadurch wächst die Politikverdrossenheit des Einzelnen, da Politik weiterhin als ein Prozess verstanden wird, der nur von sozialen Eliten gelenkt und für den Einzelnen unbeeinflussbar bleiben würde. Außerdem würde es weiterhin die Wertabstinenz fördern, gegen welche Petrik mit seinem „politischen Kompass"[150] vorgeht. Dieser macht neben verschiedenen Mischformen, die Prototypen libertäre, liberale, konservative und sozialistische Vorstellungen durch konkrete Beispiele dem Einzelnen zuordenbar. Diese vier Grundpositionen stehen für maximal kontextübergreifende, kontrastive demokratische Vorstellungen von Herrschaft und Wandel, Religion, Lebensstilen, Integration, Leistungsmotiven, Ökologie, Besitzverhältnissen und Güterverteilungen. Petrik empfiehlt die Anwendung konkreter Beispiele („Züchtigungsverbot"), um den Schülern zu verdeutlichen, dass sie zu verschiedenen Themen verschiedene Grundpositionen einnehmen und somit unmittelbar ein Teil des Politischen sind. Dies kann zur kritischen Selbstbetrachtung und zu einem eigenen politischen und/oder sozialen Engagement führen.[151]

4.3. Versuch einer Einigung

Wie bereits gezeigt und wie auch die unterschiedlichen Ansätze auf dem Gebiet der Basiskonzepte belegen, gab es innerhalb der politischen Bildung immer unterschiedliche Auffassungen, welche Grundlagen für Kontroversen bildeten. Dies geschieht allerdings laut Thomas Kuhn in allen Wissenschaften kontinuierlich als Abfolge zwischen „wissenschaftlicher Revolution"[152] und „normaler Wissenschaft". Paradigmenwechsel erfolgen, in diesem Falle von der Input- zur Outputsteuerung, bedingt durch die Ergebnisse der Pisa-Studie. Durch die Verabschiedung allgemeiner Bildungsstandards für die politische Bildung fand dieser Paradigmenwechsel schließlich allgemeine Anerkennung. Auf dieser Grundlage werden dann verschiedene Forschungsvorhaben und Umsetzungsmöglichkeiten

---

[150] Vgl. dazu: Petrik, Andreas: Von den Schwierigkeiten ein politischer Mensch zu werden. Konzept und Praxis einer genetischen Politikdidaktik, Opladen 2007, S. 200.
[151] Vgl. Petrik 2011a. S. 90f.
[152] Thomas S. Kuhn zeigte diesen Effekt bereits in den 1960er-Jahren innerhalb der Naturwissenschaften auf. Erkenntnisfortschritte passieren dabei nicht kontinuierlich, sondern es werden in „wissenschaftlichen Revolutionen" immer wieder neue Denkmodelle (Paradigmen) erarbeitet. Kuhn beschreibt seine Erkenntnisse innerhalb seiner Monografie: „Die Struktur der wissenschaftlichen Revolution" von 1979, vgl. Sander 2005, S.27.

angestrebt, welche sich offenen Fragen widmen. Hier die Frage nach den Inhalten (konzeptuelles Deutungswissen), die in anderen Fächern durch die Erarbeitung allgemeingültiger Basiskonzepte beantwortet werden konnte.

In der politischen Bildung gibt es jedoch nicht nur Streitpunkte, sondern auch einen Basiskonsens über bestimmte Annahmen. Sander beschreibt dieses „set of belivies" folgendermaßen:

„- Der Bezug auf politisches Lernen als Gegenstandsbereich der Politikdidaktik als Wissenschaft,

- ein Verständnis von politischer Bildung in der Tradition der Aufklärung als einer vom Leitmodus der Rationalität geprägten Auseinandersetzung mit Politik,

- die Orientierung an einem Verständnis des Menschen als Subjekt, dessen Mündigkeit im Sinne selbstständigen Urteilens und Handelns politische Bildung fördern will,

- schließlich die wissenschaftssystematische Verortung der Politikdidaktik als interdisziplinäre Sozialwissenschaft im Überschneidungsfeld der Erziehungs-wissenschaften"[153], ist sind einheitlich anerkannt.

Neben all diesen, auch von Kerstin Pohl in ihrem Interviewband beschriebenen[154], Gemeinsamkeiten unterscheiden sich die einzelnen Ansätze natürlich auch stark voneinander. Die Dimension „Wissen" spielt jedoch bei allen Politikdidaktikern eine gewichtige Rolle. Vor allem wird seit langem gefordert die Diskussion über Inhalte zu führen und sich auf ein Grundkonzept zu einigen, gerade um das Unterrichtsfach gegenüber anderen Fächern zu profilieren. Kerstin Pohl folgerte aus den geführten Interviews ihres Bandes, dass grundsätzlich zwischen zwei Argumentationsrichtungen unterschieden werden sollte, zwischen Bedeutsamkeit und Betroffenheit. Inhalte werden zum einen aus der Fachsystematik der Bezugswissenschaften, vorwiegend der Politikwissenschaft, zum anderen aus den Bedürfnissen der Schüler entwickelt. So besteht ein weitgehender Konsens darüber, dass die Schülervorstellungen berücksichtigt werden, darüber hinaus aber auch andere Kriterien beachtet werden müssen.[155]

Allerdings fällt es den Fachdidaktikern mitunter schwer sich auf einen einheitlichen Terminus zu einigen, welcher die Dimension Wissen begrifflich fassen würde. So lehnen Einige die

---

[153] Sander 2005, S.27-28.
[154] Vgl. dazu Pohl 2004, S. 336.
[155] Vgl. ebd. 2004, S. 314f.

Bezeichnung „Grundwissen" ab und sprechen stattdessen von „Problemwissen" oder „Orientierungswissen". Innerhalb des GPJE-Entwurfes wird von „konzeptionellem Deutungswissen" gesprochen. Die inhaltliche Dimension wird allerdings nicht weiter ausdifferenziert. [156] Im Entwurf wird allerdings deutlich herausgestellt, dass Kompetenzen nicht ohne jeden Bezug zu Inhalten umgesetzt werden können.[157] Bei der Interpretation des Inhaltsbegriffes, welcher innerhalb der Bildungsstandards verwendet wurde, zeigen sich wiederum beide Argumentationslinien. Laut Sander weißt der Begriff des „konzeptuellen Deutungswissen" eine Nähe zur konstruktivistischen Lerntheorie auf, wonach stärker auf das Vorwissen der Schüler eingegangen werden und von einer Formulierung eines festen, ‚richtigen' Stoffkanons abgesehen wird. Dies wurde bereits bei der Erarbeitung der Bildungsstandards von einigen Mitautoren kritisiert und anders gedeutet. So zum Beispiel von Joachim Detjen, welcher den Begriff des Deutens, eher im Sinne von „Interpretieren und Auslegen" und somit als Bestandteil eines hermeneutischen Verständnisses begreift.[158] Festzuhalten bleibt an dieser Stelle, dass der Begriff des konzeptuellen Deutungswissens inhaltlich nicht fest definiert und daher auch von den Akteuren der Fachdidaktik unterschiedlich gedeutet und in die eigenen Theoriesysteme eingebettet werden kann.

Allerdings besteht weitgehend Einigkeit[159] darüber, dass Basiskonzepte herauszuarbeiten sind, welche sich zur Bestimmung und Beschreibung der grundlegenden Prozesse und Phänomene einer Domäne eignen. Zudem existiert weitgehende Einigkeit darüber, dass angesichts der Breite der Fachwissenschaften sowie der Dynamiken innerhalb des politischen und wirtschaftlichen Weltgeschehens eine Reduktion der Inhalte auf einen festen Kern und ein exemplarisches vorgehen zwingend erforderlich ist. Dieses Wissen (Inhalte des Unterrichts) kann mit Hilfe von vernetzten Basiskonzepten herausgearbeitet werden. Dabei weisen alle aufgezeigten Modell zum Thema ‚Basiskonzepte' (Kernkonzepte) Parallelen auf: Basiskonzepte sollen den Schülern dazu dienen Kontexte zu verstehen und darauf aufbauend Inhalte zu strukturieren und zu systematisieren, wofür eine Beschränkung auf das Wesentliche notwendig ist. Sie bilden somit für den Lernenden die Basis für einen strukturierten, kontinuierlichen Wissensaufbau unter fachlicher und lebensweltlicher Perspektive. Des Weiteren ist man sich darüber einig, dass es wenige Begriffe sein sollen und man diese nach politikdidaktischen Gesichtspunkten auswählt. [160]

---

[156] Diese Darstellung knüpft an Kapitel 3.3. in der vorliegenden Arbeit an.
[157] Vgl. Massing 2010b, S. 19f.
[158] Vgl. Detjen 2010, S. 28f.
[159] Zur damaligen Zeit (2008-2010) spricht sich Peter Henkenborg weiter für eine kategoriale Bildung aus.
[160] Vgl. Juchler 2010, S. 236f.

Neben diesen und weiteren, zum Teil auch inhaltlichen Übereinstimmungen, gibt es bei der konkreten Ausgestaltung allerdings unterschiedliche Positionen, was auch zur großen Zahl der unterschiedlichen Modellentwürfe führte. Hier drohte eine ähnliche Tendenz wie bei der Erarbeitung von Kategoriensystemen. Auch hier erarbeiteten Fachdidaktiker verschiedene Modelle, ohne dass man sich auf ein Konzept einigen konnte. Die Systeme standen nahezu unvermittelt nebeneinander, was die praktische Umsetzung beinahe unmöglich machte. Heute wurden die Modelle zur kategorialen Fachdidaktik weitgehend abgelöst, da keine Einigung gefunden werden konnte und zudem ein Paradigmenwechsel hin zur Outputorientierung statt. Um den Basiskonzepte-Modellen dieses Schicksal zu ersparen, strebte man die Erarbeitung einer gemeinsamen Konzeption.[161] Wie die Fachdidaktik bereits durch den Beutelsbacher Konsens 1976 und die Bildungsstandards 2004 bewiesen hatten, waren sie auch bei unterschiedlichen Ansichten durchaus konsensfähig. Dadurch wäre es auch möglich gewesen, sich gegen kritische Stimmen zu behaupten, wie beispielsweise von Günter Behrmann: „Solange es Basiskonzepte nur als eine Variante ‚abstrakter Modelle‘ der Didaktik gibt, sollten sich Lehrerinnen und Lehrer bei der Arbeit am Unterrichtsstoff, zu der auch immer die Arbeit an und mit Begriffen und ‚Kategorien‘ gehört, nicht durch den neusten didaktischen Diskurs beirren lassen."[162]

Zudem könnten sich die Kultusministerien bei der Erarbeitung der Lehrpläne an einer einheitlichen Bestimmung von Basiskonzepten orientieren, wonach die theoretischen Vorgaben auch bundesweit Anwendung in der Praxis fänden. Dadurch würde auch eine Vereinheitlichung des Unterrichtsstoffes unter den Bundesländern geschehen, die vor allem für die Schüler von Vorteil gewesen wären. Dass dies nicht nur bei rein naturwissenschaftlichen Fächern möglich ist, zeigt dabei das Fach Geografie. Hierzu liegt der einzige Entwurf einer Fachdidaktik über Bildungsstandards vor, welcher in der Fachdisziplin anerkannte Basiskonzepte integriert.[163]

Bereits auf der GPJE-Tagung von 2006, gab es erste fragmentarische Überlegungen und Darstellungen zu Basiskonzepten. Was auch durch den hier bereits viel zitierten Tagungsband[164] deutlich wurde. Der damalige Sprecherkreis der GPJE organisierte die entstehende Diskussion allerdings nicht, wodurch ein erster Minimalkonsens als

---

[161] Vgl. ebd. S.238.
[162] Behrmann, Günter C.: Lösen „Basiskonzepte" die Probleme mit dem „Stoff"?, in: Polis, 2008, Nr. 1. S. 24.
[163] Vgl. dazu: Deutsche Gesellschaft für Geografie: Bildungsstandards im Fach Geografie für den Mittleren Schulabschluss- mit Aufgabenbeispielen- 3. Auflage, Berlin 2007.
[164] Vgl. dazu: Weißeno, Georg (Hrsg.): Politikkompetenz. Was Unterricht zu leisten hat, Bonn 2008.

Ausgangspunkt weiterer Forschungen nicht zu Stande kam.[165] In der Folge wurden sehr multiple Ansätze erarbeitet, aber immer mit dem Vermerk, dass diese nur den Diskurs anregen und in einer Einigung münden sollten.

Eine Übereinkunft schien also möglich und wünschenswert. Da man sich bereits 2004 bei der jährlichen GPJE-Tagung auf einheitliche Bildungsstandards geeinigt hatte, sollte das jährliche Treffen der Mitglieder auch 2010 in Dortmund eine ideale Plattform um zu einem Konsens bieten. Die 11. Jahrestagung der GPJE, welche vom 3.-5. Juni an der Technischen Universität Dortmund stattfand, stand also ganz im Zeichen von „Basis- und Fachkonzepten in der politischen Bildung".[166] Allerdings wurde einem möglichen Konsens bereits wenige Wochen vor der Konferenz die Grundlage entzogen, als die Fachdidaktiker Georg Weißeno, Joachim Detjen, Ingo Juchler, Peter Massing und Dagmar Richter völlig überraschend ihr eigenes Modell[167], welches die „Schwächen der individuell erarbeiteten Modelle"[168] überwinden sollte, in hoher Auflage sowohl beim Wochenschauverlag als auch bei der Bundeszentrale für politische Bildung veröffentlichten. Nicht nur die Art und Weise der Veröffentlichung auch der Inhalt fand wenig Zustimmung innerhalb der Disziplin. Das veröffentlichte Werk suggerierte einen Konsens der so nicht bestand, aber von Lesern des Buches durchaus als disziplinumspannend wahrgenommen werden konnte.[169] Dies führte dazu, dass eine wissenschaftliche und fachpolitische Auseinandersetzung entbrannte, die offen auf der GPJE-Tagung in Dortmund ausgetragen wurde. Als Folge dieser Auseinandersetzung, die auch zwischen den beiden Tagungen (2010 in Dortmund und 2011 in Potsdam) mit weiteren Veröffentlichungen geführt wurde, antworteten die Fachdidaktiker Anja Besand, Tilmann Grammes, Reinhold Hedtke, Peter Henkenborg, Dirk Lange, Andreas Petrik, Sibille Reinhard und Wolfgang Sander mit einer Streitschrift[170], welche wenige Tage vor der 12. GPJE-Tagung in Potsdam 2011 erschien. Sie kritisieren darin nicht nur einzelne Aspekte des Vorschlages der Gruppe um Weißeno sondern stellen ein eigenes Modell als Gegenentwurf und Diskussionsgrundlage gegenüber.

Im weiteren Verlauf dieser Arbeit sollen nun beide Modelle sowie die unterschiedlichen Vorstellungen der Autorengruppen zu inhaltlichen Strukturen, der Philosophie des

---

[165] Vgl. Sander 2011b, S. 40.
[166] Vgl. dazu: Goll, Thomas (Hrsg.) Politikdidaktische Basis- und Fachkonzepte, Schwalbach/Ts. 2011, S. 6.
[167] Vgl. dazu Weißeno, Georg/Detjen, Joachim/Juchler, Ingo/Massing, Peter/Richter, Dagmar: Konzepte der Politik. Ein Kompetenzmodell. Wochenschau, Schwalbach/Ts. 2010.
[168] Ebd. S.10.
[169] Vgl. Besand, Anja: Zurück in die Zukunft ? Über Konzepte von Kompetenzen. Über die Bedeutung von Wissen und Vorstellungen davon, was Kompetenzen sind, in: Goll, Thomas (Hrsg.) Politikdidaktische Basis- und Fachkonzepte, Schwalbach/Ts. 2011c, S.71.
[170] Vgl. dazu: Autorengruppe Fachdidaktik: Konzepte der politischen Bildung, Bonn 2011.

Unterrichtsfaches, der Theorietradition, dem Politikbegriff, den unterschiedlichen Unterrichtsleitbildern, dem Verständnis von Kompetenzen sowie dem Einsatz von Materialien und Medien vergleichend betrachtet werden.

5. Die aktuelle Kontroverse

Schon bei der Tagung 2010 in Dortmund zeigt sich innerhalb der verschiedenen Referate und den dazugehörigen Diskussionsbeiträgen, dass es viele Gegner des neuen Konzeptmodells von Weißeno et al. gab und schnell wurde die Idee einer Stellungnahme in Form einer eigenen Publikation geboren. Aber auch vor der Veröffentlichung der Streitschrift gab es verschiedene Kommentare und Rezensionen. Einige sollen hier kurz Betrachtung finden, um zu verdeutlichen mit welcher Intensität die Debatte geführt wurde.

So bescheinigte Anette Kammertöns, Honorar-Professorin der Fakultät für Erziehungswissenschaften der Universität Bochum, in einer Rezension dem Vorschlag der Gruppe Weißeno et al. einen: „gelungenen Versuch, den inhaltlichen Kernbereich des Faches zu klären und ein Kompetenzmodell des Fachwissens politikwissenschaftlich, politikdidaktisch und lernpsychologisch zu begründen.[171] Zudem lobt sie den Aufbau, die theoretische Fundierung, die Klarheit und Plausibilität dieses Ansatzes. Des Weiteren sei dieser Ansatz praktikabel, was gerade Anfängern die Gestaltung des Unterrichts wesentlich erleichtern würde.[172] Andere Fachdidaktiker wiedersprachen allerdings der positiven Einschätzung vehement. Andreas Petrik beschreibt, innerhalb seiner Rezeption in der Zeitschrift: „Gesellschaft. Wirtschaft. Politik. Sozialwissenschaften für politische Bildung" : „Der Band vertritt den hohen Anspruch, ein ‚konsensuell gewonnenes' Modell des politikdidaktischen Fachwissens als Grundlage für ‚kompetenzorientierten Unterricht' zu entwickeln. Der Konsensanspruch, der Untertitel ‚ein Kompetenzmodell' sowie die Verbreitung über die Bundeszentrale suggerieren ein Richtungsweisendes Standardwerk der Politikdidaktik. Diesem Anspruch wird das Buch jedoch nicht gerecht. (...) Das Buch enttäuscht, weil es sich auf eine Aneinanderreihung politischer Schlüsselbegriffe beschränkt.

---

[171] Kammertöns, Annette: Rezension zu: Weißeno, Georg/ Detjen, Joachim /Juchler, Ingo /Massing, Peter /Richter, Dagmar: Konzepte der Politik- ein Kompetenzmodell, in: Politisches Lernen, 2010 ‚Nr. 3-4,S. 75.
[172] Vgl. ebd. S. 75.

Zur Kompetenzorientierung kann es so wenig beitragen."[173] Auch Wolfgang Sander äußerte sich nach der Tagung 2010 kritisch in verschiedenen Veröffentlichungen: So würden die Schülervorstellungen kaum beachtet, alles durch inhaltliche Vorgaben streng und wenig schülerorientiert strukturiert und Ende in einer reinen Abfolge von Instruktionen. Besondere Kritik übt Sander am angehängten Unterrichtsbespiel, welches für ihn das Gegenteil eines kompetenzorientierten Unterrichts darstellt.[174]

Auf der Grundlage der beiden letzten Stellungnahmen zeigt sich umso deutlicher, warum die Erarbeitung eines Gegenmodells, sowie eine öffentliche Kritik angestrebt wurde, auch auf die Gefahr hin, die Fronten noch weiter zu verhärten. Um die beiden Lager sowie die jeweiligen Kommentare noch besser zu verstehen und sich eine eigene Position bilden zu können, sollen nun beide Modelle erläutert werden.

5.1. Kompetenzmodell der Gruppe Weißeno et al.

Welche Konzepte bilden den Kern der politischen Bildung? Eine Frage die sich wohl beide Gruppen intensiv gestellt haben. Hauptaugenmerk beim ersten Modell (Weißeno et. al.) lag auf der Domäne Politikwissenschaft. Die Bezugswissenschaften: Wirtschaft, Geschichte, Soziologie und Recht wurden nur in Bezug auf ihre Integration, Koordination und Kooperation mit der politischen Perspektive berücksichtigt.[175] Aus den verwendeten Grundannahmen von Politik „als eine situationsbezogene, pragmatisch zu bewältigende Aufgabe (...), mittels Entscheidungen das Zusammenleben von Menschen angesichts bestehender Wert- und Interessendivergenzen zu regeln und gemeinsame Probleme kommunikativ sowie unter Berücksichtigung von Grundwerten zu lösen"[176] wurde aufbauend eine Definition entwickelt: „Politik ist jenes menschliche Handeln, das allgemein verbindliche und am Gemeinwohl orientierte Entscheidungen und Regelungen in und zwischen Gruppen

---

[173] Petrik, Andreas: Rezension zu: Weißeno, Georg/Detjen, Joachim/Juchler, Ingo/Massing, Peter/Richter, Dagmar: Konzepte der Politik – ein Kompetenzmodell, in: Gesellschaft ‚Wirtschaft ‚Politik (GWP), 2010, Nr.3, S. 415f.
[174] Vgl. Sander 2011c, S 59.
[175] Vgl. Richter, Dagmar: Basis- und Fachkonzepte der Politik. Ein konsensuell erarbeitetes Kompetenzmodell, in: Wochenschau, Sonderausgabe Sek. I und II, 61. Jahrgang, November 2010a, S. S.60.
[176] Weißeno et al 2010, S. 28-29.

von Menschen vorbereitet und herstellt."[177], welche sich aus den Politikverständnissen von Thomas Meyer und Wolfgang Patzelt[178] zusammensetzt. Im Zentrum dieses Politikbegriffs stehen verbindliche Regeln und Entscheidungen.

Als Definition für die zu erstellenden Konzepte bediente sich die Gruppe bei Reinhard Demuth, früherer Professor für Chemie und ihre Didaktik an der Universität Kiel (heute im Ruhestand), und seiner vielzitierten Begriffsbestimmung, wonach Basiskonzepte als „strukturierte Vernetzungen aufeinander bezogener Begriffe, Theorien und erklärender Modellvorstellungen[179]" verstanden werden.

Als Basiskonzepte einigte man sich im Modell auf *Gemeinwohl, Ordnung* und *Entscheidung*. Begründet wird dies durch den Umstand, dass Politik nicht ohne Grundkenntnisse und Vorstellungen über diese drei Basiskonzepte verstanden werden kann. Laut Aussage der Autoren erheben die hier angeführten Basiskonzepte den Anspruch den inhaltlichen Kern des Unterrichtsfaches abzubilden. Zudem ermöglichen sie, die Domäne des Politischen zu strukturieren und dadurch von anderen Domänen wie Soziologie und Ökonomie abzugrenzen. Das Verständnis soll bei den Schülern langsam entstehen und sich Schrittweise vernetzen. Daher kann nicht davon ausgegangen werden, dass die einzelnen Konzepte innerhalb kürzester Zeit verinnerlicht werden.[180]

Des Weiteren lassen sich diese Basiskonzepte innerhalb von Fachkonzepten ausdifferenzieren, welche das zugeordnete Grundlagenwissen und den zu beherrschenden Begriffskatalog, der zum Verständnis des jeweiligen Konzeptes zwingend ist, enthalten. Die Vorgabe einer Untergliederung der Basiskonzepte in Fachkonzepte war bereits im früheren Modell von Peter Massing gefordert worden und fand hier nun seine ausführliche Umsetzung.[181] Wie auch bei den Basiskonzepten gibt die Autorengruppe bei den Fachkonzepten an, diese nicht willkürlich ausgewählt, sondern sie auf der Grundlage wissenschaftlicher Theorien und mit Bezug auf die Fachdidaktik entwickelt zu haben. Obwohl die jeweiligen Basiskonzepte bestimmend für die Betrachtung der zugehörigen Fachkonzepte im Unterricht sein sollen, ist die Zuordnung nicht strikt. Die Meisten weisen Zugehörigkeiten zu allen Basiskonzepten auf, da sie nicht einzeln sondern in Verbindung zu

---

[177] Ebd. S. 29.
[178] Vgl. dazu: Meyer 2006, S. 41, vgl. dazu: Patzelt, Werner: Einführung in die Politikwissenschaft. Grundriss des Faches und studienbegleitende Orientierung. 2. Aufl., Passau 1993, S. 14.
[179] Demuth et al. 2005, S. 57.
[180] Vgl. Richter 2010a, S.61.
[181] Vgl. dazu Kapitel 4.2.2.

einander die Grundlage für das Verständnis des Politischen bilden.[182]   Aus diesen

Überlegungen heraus, entstand das dargestellte Model (Abb.: 5).

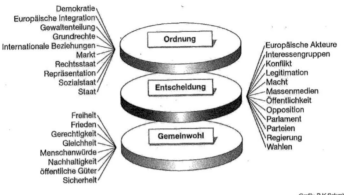

(Abb.: 5 Basis- und Fachkonzepte der Politik, Weißeno et all. S.12)

Die Anzahl der Fachkonzepte ergab sich für die Autoren aus fachdidaktischen Überlegungen. „Fachkonzepte stellen die kriterielle Norm zur Bewertung des Wissens von Schüler/-innen dar. (…) Fachkonzepte übernehmen Integrations- und Ordnungsfunktionen für das inhaltliche Aufarbeiten der Unterrichtsthemen sowie für das Lernen. (…) Von Unterrichtseinheit zu Unterrichtseinheit sollten die Basis- und Fachkonzepte für die Lernenden differenzierter und vernetzter werden. (…) Die Fachkonzepte bewähren sich dann für die Schüler/-innen, wenn sie für verschiedene politische Kontexte und Beispiele erklärende Funktionen übernehmen können."[183]

Innerhalb des Werkes „Konzepte der Politik- ein Kompetenzmodell" werden die Basiskonzepte Ordnung, Entscheidung und Gemeinwohl definiert, erläutert, auf internationaler und globaler Ebene eingeordnet und politiktheoretisch begründet. Danach erfolgt die Zuordnung der jeweiligen Fachkonzepte. Dies wird ebenfalls klar auf der Grundlage allgemeiner Definitionen aus der Politikwissenschaft erläutert und vertieft. Auch die vermuteten Fehlkonzepte[184] (misconceptions) werden ausgewiesen. Unter Fehlkonzepten

---

[182] Vgl. Weißeno et. all. 2010 S.48.
[183] Weißeno et all. 2010, S. 49.
[184] Der Terminus sowie die Forderung nach der Untersuchung von Fehlkonzepten bei Schülern findet sich bereits im Kernkonzeptemodell von Georg Weißeno (vgl. dazu Kapitel 4.2.1.)

versteht die Gruppe: „Abweichungen vom Fachkonzept, die sich als falsch kennzeichnen lassen und für die ein Konzeptwechsel notwendig ist."[185] Dies lässt sich mitunter schwer erkennen. Diese, auch als *misconceptions* bezeichnete, Abirrungen kommen, laut Aussage des Autorenteams im Alltag oder sogar in Unterrichtsmaterialien vor und hemmen den Lernerfolg, welcher als korrektes Beherrschen der Begriffe und des fachlichen Wissens verstanden wird. Das Autorenteam geht davon aus, dass bereits jeder Schüler vor dem Beginn des Politikunterrichts in der Schule Vorstellungen zu den einzelnen Konzepten (Präkonzepte) besitzt, welche im Unterricht aufzugreifen sind. Diese können per Definition richtig sein und somit dem jeweiligen Konzept entsprechend oder eben falsch (Fehlkonzept) sein. Das macht, laut Autorenmeinung, eine Früherkennung beispielsweis durch *Concept Maps* oder Assoziationsreihen erforderlich. Zu diesem Zweck wurde für jedes Fachkonzept eine Tabelle mit konstituierenden Begriffen erarbeitet. [186] Fehlkonzepte können sowohl bei der Falsch- als auch bei der Nichtverknüpfung von Begriffen erfolgen und sind unterschiedlich leicht zu beheben (conceptual change). Bei jüngeren Schülern, so Dagmar Richter, scheint es sich zudem vorwiegend um fortdauernde Entwicklungsgänge (conceptual growth) oder Wissensdifferenzierungen zu handeln, welche sich selbst nach einiger Zeit den gängigen Konzepten anpassen. In diesem Fall kann nicht von einem eigentlichen Fehlkonzept gesprochen werden. Allerdings ist dieses Feld noch weitgehend unerforscht.[187]

Zudem war es den Fachdidaktikern wichtig, die jeweiligen Vernetzungen ihrer Konzepte untereinander zu verdeutlichen. Dadurch soll zum einen gezeigt werden, welche Kenntnisse Voraussetzung für das Verständnis des jeweiligen Fachkonzeptes vorausgesetzt werden. Zum anderen kann dadurch der Prozesscharakter politischer Wirkungsweisen verdeutlicht werden, da meistens ein Fachkonzept bei allen drei Basiskonzepten Bezugspunkte aufweist. Diese umfassende und kontinuierliche Gliederung der Basis- und Fachkonzept innerhalb des Konzeptebandes der Gruppe Weißeno et. all. soll den Lehrern bei der Planung ihres Unterrichts helfen. Zu diesem Zweck wird jedem Fachkonzepte ein passendes Unterrichtsthema, gestaffelt nach Anforderungen der jeweiligen Schulstufe, angehängt. Diese Beispiele sollen lediglich als Anstöße verstanden werden und verdeutlichen, dass die Einführung von Basis- und Fachkonzepten nicht zwangsläufig zu neuen Unterrichtsinhalten führt. [188] Der Autorengruppe ist es zudem wichtig herauszustellen, dass diese Strukturierung

---

[185] Weißeno et al., S.50.
[186] Vgl. Weißeno et al., S. 49f.
[187] Vgl. Richter 2010a, S.64.
[188] Vgl. ebd. S. 50f.

des Unterrichts eine „Überprüfung der Lernfortschritte auf der Ebene von Konzepten"[189], in diesem Fall durch die Abfragung von Fachbegriffen und Definitionen erlaubt.

Zusammenfassend lässt sich Lernen mit Hilfe von Basiskonzepten wie folgt beschreiben: „Die Erarbeitung politischer Themen setzt an den Präkonzepten der Lernenden an. Die zu erarbeitenden Fachkonzepte wiederholen sich in verschiedenen Kontexten bzw. Themen, so dass ihre Vertiefung, Vernetzung und zunehmende Strukturierung, also Lösung von den konkreten Kontexten erfolgen kann. Durch die ständige Einbeziehung der Basiskonzepte werden auch diese im Verlauf der Lernprozesse weiterentwickelt. Sie bilden somit die grundlegende Wissensstruktur für Politik, da sie die Fachkonzepte miteinander verzahnen."[190] Innerhalb dieses Vorgehens zeigt sich eine starke Orientierung an Aufbau und Wirkungsweise an den Basiskonzepten der naturwissenschaftlichen Fächer.[191]

Die einzelnen Basiskonzepte und ihre Fachkonzepte detailliert zu erläutern würde den Rahmen dieser Arbeit sprengen, da dieser Bereich sehr komplex ist und seine Erläuterung innerhalb des Konzeptebandes der Gruppe Weißeno et al. den meisten Raum einnimmt.[192] Trotzdem soll kurz an einem Beispiel der Versuch unternommen werden die einzelnen Vernetzungen innerhalb eines Fachkonzeptes zu verdeutlichen.

Das Fachkonzept Partei wird dem Basiskonzept *Entscheidung* zugeordnet. Politik ist laut Autorenmeinung geprägt durch Entscheidungen, die der Gesellschaft zugutekommen und bindend für die jeweilige Gesellschaft sind. Zu jeder Entscheidung gibt es aber auch Alternativen. Gleichzeitig bezieht sich dieses Basiskonzept auch auf die anderen Konzepte Ordnung und Gemeinwohl. Politische Entscheidungen richten sich nach bestimmten Ordnungskriterien und dienen im Idealfall dem Gemeinwohl.[193] Ebenso hat das Fachkonzept Partei einen Bezug zu weiteren Fachkonzepten und somit wiederum zu den Basiskonzepten Ordnung und Gemeinwohl (Abb. 6).

---

[189] Die Autorengruppe bezieht sich hierbei auf einen Artikel von Andreas Müller und Andreas Helmke, vgl. dazu: Müller, Andreas/ Helmke, Andreas: Qualität von Aufgaben als Merkmale der Unterrichtsqualität verdeutlicht am Fach Physik, in: Thonhauser, Josef: Aufgaben als Katalysatoren von Lernprozessen. Eine zentrale Komponente organisierten Lehrens und Lernens aus der Sicht von Lernforschung, Allgemeiner Didaktik und Fachdidaktik, Münster 2008, S. 38.
[190] Weißeno et. al. 2010, S. 51
[191] Vgl. dazu Kapitel 4.1..
[192] Vgl. dazu Weißeno et al. 2010, S. 53-190.
[193] Vgl. ebd., S. 99.

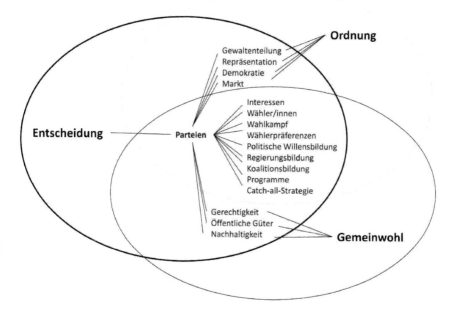

(Abb.: 6 Bezüge des Fachkonzepts Parteien zu Basis- und Fachkonzepten, Richter 2010, S.62)

Als Fehlkonzepte interpretiert die Gruppe, welche Parteien als „intermediäre Organisationen zwischen politisch-administrativen System und Gesellschaft, (…) welche dirigierende Interessen aus der Gesellschaft aufnehmen, aggregieren und organisieren (…), um sie mit dem Anspruch, allgemeine Interessen zu sein, in die politische Entscheidungsorgane zu vermitteln,"[194] definiert, die sich verstärkende Parteiverdrossenheit. In diesem Zusammenhang, verbunden mit Meldungen über Korruption von Politikern oder Manipulationen von Wählern, entsteht häufig das Fehlkonzept von der Allmacht der Parteien. Dadurch werden die Leistungen von Parteien und ihre eigentliche Arbeit und Bedeutung im System vernachlässigt. Als Beispielthema wird das Thema „Wahlen" empfohlen.[195] Da die jeweiligen Fachkonzepte vor allem auf die Vertiefung von konstituierenden Begriffen innerhalb der jeweiligen Schulstufen ausgelegt sind, wird jedem Fachkonzept eine Tabelle mit

---

[194] Weißeno et al., S. 140.
[195] Vgl. ebd., S. 142f.

jeweiligen Hauptbegriffen (Abb. 7) angehängt.[196] Diese Gliederung wird bei allen 30 Fachkonzepten eingehalten.

Konstituierende Begriffe des Fachkonzepts Parteien	
Schulstufen	**Begriffe**
Primarstufe	Interessen, Wähler/innen, Wahlkampf
Sekundarstufe I	Wählerpräferenzen, Politische Willensbildung, Koalitionsbildung, Regierungsbildung
Sekundarstufe II	Programme, Catch-all-Strategie

(Abb.: 7 Konstituierende Begriffe des Fachkonzeptes Parteien , Richter 2010, S.63)

Zentral wird die Frage gestellt: „Inwieweit Schüler dieses Wissen anwenden können um komplexe Probleme zu bearbeiten?" Wie lassen sich Anwendungsbereitschaft, die unterschiedlichen Niveaus und gegebenenfalls Fehlkonzepte evaluieren? Zur Wissensbestimmung sind, laut Aussage Dagmar Richter, zunächst Definitionen von Begriffen und Konzepten zwingend, welche als Kriterium für eine richtige oder falsche Anwendung verwendet werden können. Dabei wird eine Essenz aus einheitlicher Fachsprache (begrifflicher Kern eines Konzeptes) und Interpretationsspielraum (Konzepte meistens nur kontextbezogen eindeutig- „konzeptuelles Deutungswissen") angestrebt. Für das Beispiel Parteien wird zuerst eine sehr detaillierte Definition gegeben.[197] „Parteien sind intermediäre Organisationen zwischen politisch-administrativem System und Gesellschaft. Sie nehmen divergierende Interessen aus der Gesellschaft auf, aggregieren und organisieren sie, um sie mit dem Anspruch allgemeine Interessen zu sein, in die politischen Entscheidungsorgane zu vermitteln."[198] Lehrer sollen damit in der Lage sein ihren Schülern eine Definition anbieten zu können, ohne dass diese wortgetreu sondern vielmehr eigenständig formuliert (aber mit Bezug auf die konstituierenden Begriffe), wiedergegeben werden muss.[199]

Anschließend an die Basis- und Fachkonzepte definiert die Autorengruppe allgemeine Mindeststandards[200] für die Primar- und Sekundarstufe. Diese legen fest welche Kompetenzen und welches Wissen die Schüler nach den einzelnen Jahrgangsstufen mindestens beherrschen

---

[196] Vgl. Richter 2010a, S. 62f.
[197] Vgl. ebd. S.63f.
[198] Auszug der Definition zu Parteien; Weißeno et. al. S. 140.
[199] Vgl. Richter 2010a, S. 63f.
[200] Vgl. dazu Weißeno et al. S. 190-193.

sollten. Zur Veranschaulichung werden diese in Tabellenform dargestellt. Die unten dargestellte Tabelle (Abb. 8) verdeutlicht die geforderten Standards für die Grundschule. Politische Bildung findet in der Primarstufe hauptsächlich im Sachunterricht statt.[201] Allgemeines Minimalziel der Gruppe ist es, dass die Schüler nach Beendigung der Schule mindestens einen „reflektierten Zuschauer"[202] darstellen. Als Maximalziel wird von einem Aktivbürger[203] ausgegangen.[204]

Mindeststandards für die PRIMARSTUFE		
Basiskonzepte	**Fachkonzepte**	**Konstituierende Begriffe**
Ordnung	Repräsentation	Klassensprecher/-in, Bürgermeister/-in, Gemeinderat
	Demokratie	Mehrheitsprinzip, Abstimmung, Diskussion
	Staat	Polizei, Grenze
	Rechtsstaat	Staatsanwalt, Verteidiger, Richter, Gesetz
	Grundrechte	Meinungsfreiheit, Schutz (der Privatsphäre)
Entscheidung	Macht	Autorität, Gewalt, Führung, Gehorsam, Verhandlung
	Öffentlichkeit	Zugang Partizipation, Privatheit, Amt vs. Person
	Wahlen	frei, allgemein, gleich, geheim
	Parteien	Wähler/- innen, Wahlkampf, Interessen
Gemeinwohl	Gerechtigkeit	Tausch, Leistung
	Frieden	Waffenstillstand, Krieg
	Nachhaltigkeit	Umweltpolitik, Armut/Reichtum, Generationengerechtigkeit

(Abb.: 8 Mindeststandards für die Primarstufe Weißeno et. all. S. 191)

---

[201] Für weitere Informationen zum Wissen von Schülern in der Grundschule. Vgl. dazu: Richter, Dagmar: Welche politischen Kompetenzen sollen Grundschülerinnen und Grundschüler erwerben, in: Richter, Dagmar (Hrsg.): Politische Bildung von Anfang an. Demokratie-Lernen in der Grundschule. Schwalbach/Ts. 2007a, S.36-53.
[202] Darunter versteht man im Allgemeinen einen politisch sachkundigen und begrenzt interessierten, aber ansonsten passiven Menschen.
[203] Unter Aktivbürgern versteht man Personen, die das politische Geschehen dauerhaft aktiv mitbestimmen wollen. Die Politik nimmt bei diesen Bürgern einen mitunter hohen Stellenwert ein. Sie haben sich zu einem aktiven Engagement entschlossen.
[204] Vgl. Richter 2010a. S. 64ff.

Die allgemeine Umsetzung ihres Ansatzes versucht die Gruppe durch ein detailliertes Unterrichtsbeispiel zum Thema „Der Entscheidungsprozess in der Europäischen Union"[205] am Ende des Buches zu geben. Dabei werden auch die Grundsätze für eine kompetenzorientierten Unterrichtsplanung konkretisiert. In diesem Beispiel ist der Unterricht sehr stark auf Fachinhalte fokussiert, da die Verwendung der jeweiligen Begriffe Maßstab für den Erfolg bei Lernergebnissen darstell. Dies gilt auch bei der Auswahl der Unterrichtsmaterialien zu beachten. Methoden werden nicht vorgegeben.[206]

5.2. Basiskonzeptemodell der Autorengruppe Fachdidaktik

Gerade das Unterrichtsbeispiel und seine Fokussierung auf Inhalte war, neben weiteren Faktoren, welche im nächsten Abschnitt noch ausgeführt werden, Anlass für die Autorengruppe Fachdidaktik (Anja Besand, Tilmann Grammes, Reinhold Hedtke, Peter Henkenborg, Dirk Lange, Andreas Petrik, Sybille Reinhart, Wolfgang Sander) ein eigenes Basiskonzeptemodell zu entwickeln. Das Alternativmodell ist innerhalb der Streitschrift sehr viel kürzer gefasst als dies bei Weißeno et al. der Fall ist, da sich der Band vorrangig auf eine explizite und detaillierte Kritik am Band „Konzepte der Politik" versteht. Am Ende werden die entwickelten Vorstellungen jedoch zusammengefasst.

Der Bildungssinn des Faches wird in der Kompetenzentwicklung sowie der Entwicklung einer politischen Mündigkeit verstanden. Diese Fähigkeiten sollen den Schüler ermächtigen, sich in seiner Umwelt besser zurechtzufinden. Als zu fördernde Kompetenzen benennt die Autorengruppe Fachdidaktik, in Anlehnung an das Kompetenzmodell der GPJE, Handlungskompetenz, politische Urteilsfähigkeit und methodische Fähigkeiten. Im Gegensatz zum Kompetenzmodell aus dem Band „Konzepte der Politik", so die Kritik, liegt ihr Fokus auf der Verknüpfung von Wissen und Können. Gerade die Verknüpfung der Kompetenzen

---

[205] Das komplette Unterrichtsbeispiel findet sich in Weißeno et al. S.196- 212. Eine komprimiertere Variante stellt Dagmar Richter in einem Zeitungsartikel im November 2011 vor, vgl. dazu: Richter 2010a, S. 70-73.
[206] Vgl. Weißeno et al. 2010 S. 196f.

‚Analysieren', ‚Urteilen' und ‚Handeln' stellen für die Autoren zwingend den Inhalt eines geeigneten Kompetenzmodells dar, nicht die Reduktion auf die Dimension ‚Wissen'.[207]

Ausgehend vom Entwurf der GPJE zu nationalen Bildungsstandards, welche die Aufgabe der politischen Bildung vor allem in der Regelung von grundlegenden Fragestellungen und Problemen des gemeinschaftlichen Zusammenlebens innerhalb Gesellschaft versteht,[208] wird deutlich, dass sich als Bezugswissenschaft nicht ausschließlich die Politikwissenschaft sondern auch andere sozialwissenschaftliche Fächer anbieten. „Die Grundfragen des konfliktträchtigen menschlichen Zusammenlebens über Wertebildung, Deutungsmuster, Deutungshoheiten, Machtbildungsprozesse und Herrschaftsausübung werden aus politik- und wirtschaftswissenschaftlicher, soziologischer und kulturwissenschaftlicher Perspektive gleichermaßen untersucht."[209] Dies ergibt sich laut Ansicht der Autoren auch zwingend aus der Praxis des Faches innerhalb der deutschen Unterrichtslandschaft. Gegenstandsfelder des Unterrichts sind hier neben dem Bereich der Politik auch die Bereiche Gesellschaft, Wirtschaft und Recht. Was sich wiederum innerhalb der Inhaltsfelder darstellt, die von ‚Individuum und Gesellschaft', ‚Demokratie', ‚Recht- und Rechtsprechung' bis zu ‚Markt und Wirtschaftsordnung' führen.[210]

Die Autorengruppe konzipiert ihr Modell nicht als geschlossene Einheit sondern hermeneutisch- beweglich und offen mit dem Blick auf die Gesellschaft als Mittelpunkt. Ähnliches gilt für den Aufbau von Konzepten. Es werden keine statischen Definitionen geliefert. Vielmehr sind Konzepte „flexible, kontextübergreifende Begriffe, deren Beweglichkeit durch verschiedene Bedeutungsebenen oder Anschauungsinhalte erzeugt wird. Erst durch die Spannungsverhältnisse ihrer Konnotationen werden (…) Konzepte zu Deutungshilfen zwischen konkret erlebbaren exemplarischen Phänomenen und wissenschaftlicher Abstraktion".[211] Auch wird im zu betrachtenden Ansatz der Autorengruppe Fachdidaktik nicht von Fehlkonzepten im Verständnis der Gruppe Weißeno et al. gesprochen. Unterschiedliche Vorstellungen von Schülern werden eher als offene Suchbewegungen und Annäherungen an die Thematik verstanden, die nicht durch einen Konzeptwechsel sondern eher durch Konzeptwandel erfolgen sollte, langsam und durch die Erkenntnis des Schülers nicht durch Zwang entsteht. Dabei soll also nicht die Vermittlung von reinem Unterrichtsstoff

---

[207] Vgl. Autorengruppe Fachdidaktik: Sozialwissenschaftliche Basiskonzepte als Leitideen der politischen Bildung, in: Autorengruppe Fachdidaktik: Konzepte der politischen Bildung, Bonn 2011, S.163f.
[208] Vgl. GPJE 2004, S.10.
[209] Autorengruppe Fachdidaktik 2010, S. 164.
[210] Vgl. ebd. S.165.
[211] Ebd., S. 167.

sondern vielmehr die Erfahrungen und Interessen der Schüler, ihre verschiedenen Konzepte und Deutungsmuster im Vordergrund stehen.[212]

Bei der Erarbeitung von konkreten Basiskonzepten ergeben sich aber verschiedene Probleme. Anders als in naturwissenschaftlichen Fächern müssen die Leitideen den Balanceakt zwischen Pluralität und Kontingenz auf der einen und didaktischer Fokussierung, Reduktion und Ordnung von Gegenständen auf der anderen Seite gestatten. Wie die Darstellungen der unterschiedlichen Modelle verschiedener Fachdidaktiker im 4. Kapitel gezeigt haben, gab es auch differenzierte Ansätze innerhalb der Autorengruppe Fachdidaktik, von welchen einige auch im aktuellen Band noch zur Erläuterung dargestellt werden[213]. Da sich diese Modelle jedoch nicht grundsätzlich voneinander unterschieden, war eine Einigung auf eine konsensuelle Schnittmenge, die zur weiteren Ausdifferenzierung und Erarbeitung anregen soll, möglich.[214]

Die Gruppe benennt im Gegensatz zur Autorengruppe um Georg Weißeno sechs Basiskonzepte: *System, Akteure, Bedürfnisse, Grundorientierungen, Macht und Wandel.* Einige Begriffe tauchen dabei bereits in älteren Modellen der Autoren[215] auf. Wieder andere, wie ,Grundorientierung' sind neu. Diese Oberbegriffe sind zwar definiert, aber die Definitionen sind sehr offen gefasst und verweisen auf die Zugehörigkeit zu zahlreichen Bezugsdisziplinen neben der Politikwissenschaft. So wird zum Beispiel das Konzept ,System' als der „systematische Handlungsrahmen, unter dem die jeweiligen Herrschaftsordnung mit ihren Institutionen und Rechtsgrundlagen verstanden wird. Im Gegensatz zu politisch-institutionell verengten Ordnungsbegriffen umfasst der sozialwissenschaftliche Systembegriff verschiedene gesellschaftliche Teilsysteme, wie zum Beispiel auch Wirtschaft und Lebenswelt."[216] Den verschiedenen Basiskonzepten werden innerhalb des Modells verschiedene Teilkonzepte bzw. Teilkategorien zugeordnet. Diese sind jedoch nicht als fest definierte Konstanten verankert, sondern verweisen auf eine bestimmte Dimension eines oder mehrerer Basiskonzepte. Die Begriffe sollen dabei als Orientierungshilfen in der sehr breiten Dimension der sozialwissenschaftlichen Fächer genutzt werden, da nicht alles für den Unterricht von Relevanz ist. Die Teilkonzepte sind somit weder vollständig noch beliebig erweiterbar. Das Modell (Abb. 9) hilft damit: „ den analytischen Blick auf gemeinsame Foci

---

[212] Vgl. ebd. S. 167f.
[213] Vgl. dazu unter anderem Petrik 2011a, S. 77ff.
[214] Vgl. Autorengruppe Fachdidaktik 2010, S. 168.
[215] Vgl. dazu das Model von Wolfgang Sander (Kapitel 4.2.4.) in welchem die Basiskonzepte *Macht* und *System* bereits vorhanden sind.
[216] Autorengruppe Fachdidaktik 2011 S. 169.

verschiedener sozialwissenschaftlicher Zugänge zu öffnen und diese koordinieren zu helfen."[217]

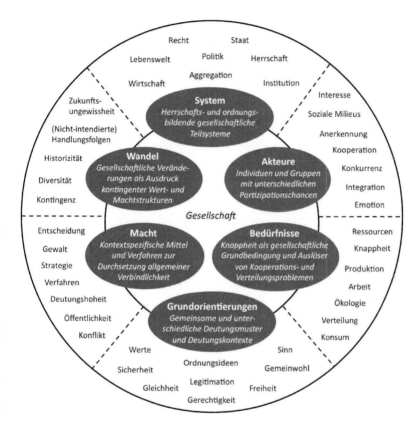

(Abb.: 9 Diskussionsstand: Sechs Basiskonzepte als Leitideen der politischen Bildung und ausgewählte Teilkonzepte bzw. Teilkategorien, Autorengruppe Fachdidaktik 2011, S. 170)

---

[217] Ebd. S. 169.

5.3.   Vergleich der Strukturen

Einzelne Kritikpunkte der Autorengruppe Fachdidaktik am „Kompetenzmodell" der Gruppe Weißeno et al. sind nun bereits schon angeklungen. Allgemein unterscheiden sich die Ansichten vor allem in dem Punkten ‚Offenheit bzw. Geschlossenheit des jeweiligen Modells', den zu verwendenden Bezugswissenschaften sowie dem jeweiligen Lernverständnis. Zudem gehen beide Gruppen auch von unterschiedlichen Politik- und Kompetenzverständnissen aus. Auch innerhalb der Gestaltung von Unterricht sowie der Evaluation der jeweiligen Lernerfolge findet man bei beiden Gruppen unterschiedliche Ansätze. Von außen betrachtet scheint es wenig zu geben was beide Konzeptionen miteinander teilen und auf deren Grundlage eine Einigung auf eines der Beiden bzw. auf ein gänzlich neues Modell ermöglicht werden könnte. Auch der Ton in der Debatte ist mitunter rau geworden, was wiederum zu Verstimmungen unter den einzelnen Parteien führte und damit die Bereitschaft zu einer Einigung erschweren dürfte. Im Folgenden sollen nun die Kritikpunkte innerhalb einzelner, ausgewählter Bereiche näher betrachtet werden ohne dabei den Blick auf mögliche Gemeinsamkeiten zu verlieren. Dabei können nicht alle Unterscheidungskriterien einzeln betrachtet werden, da dies den Rahmen der hier vorliegenden Arbeit sprengen würde. Bei der Auswahl der Vergleichsaspekte wird zudem der Versuch unternommen die grundlegenden Merkmale an denen sich die Gegenpositionen am besten herausarbeiten ließen, zu betrachten. Am Ende des Kapitels werden die grundsätzlichen Unterscheidungsmerkmale noch einmal zusammengefasst.

5.3.1. Politikbegriff

Die Autorengruppe um Georg Weißeno beschäftigt sich sehr ausführlich mit der Ausdifferenzierung eines geeigneten Politikverständnisses für ihr Modell. Dies erweist sich als äußerst kompliziert, da „Politik ein außerordentlich vielschichtiges sowie an den Rändern unscharfes Phänomen"[218] darstellt. Anforderungskriterien an einen geeigneten Politikbegriff sind, laut ihrer Ansicht, unter anderem: Angaben über den Sinngehalt oder die

---

[218] Weißeno et al. 2010,S. 28.

Zweckbestimmung von Politik sowie die räumliche und zeitliche Entfaltung. Zudem muss es mit den normativen Grundlagen des demokratischen Verfassungsstaates übereinstimmen. Bei einer möglichen Definition die diese Kriterien miteinander vereinen, bediente sich die Gruppe der Fachdidaktiker bei Werner Patzelt[219] und Thomas Meyer[220]. „Politik ist jenes menschliche Handeln, das allgemein verbindliche und am Gemeinwohl orientierte Entscheidungen und Regelungen in und zwischen Gruppen von Menschen vorbereitet und herstellt. Hier ist allerdings schon eine Einschränkung zu machen. Das Gemeinwohl ist der übliche normative Bezugspunkt der Politik. Es gibt jedoch auch politische Ordnungen, politische Akteure und politische Handlungsweisen, denen diese Orientierung fehlt."[221]

Politik bezieht sich somit auf praktiziertes menschliches Handeln, welches das Zusammenleben durch Aufgaben und Handlungsnormen ermöglicht. Dem liegt die Erkenntnis zu Grunde, dass Menschen Gerechtes und Ungerechtes unterscheiden und danach handeln können. Politik versucht durch die Herstellung allgemein verbindlicher Regeln und Entscheidungen das Zusammenleben zu ordnen. Durch das Angebot an verschiedenen Handlungsmöglichkeiten besitzt ‚Politik' prinzipiell einen offenen Charakter. Zur Koordination komplexer Gesellschaften bedarf es Institutionen die das politische Entscheidungszentrum bilden. Da es aber innerhalb der Institutionen sowie zwischen ihnen immer zu Konflikten kommen kann, bedarf es kommunikativen Aktivitäten (Verhandlungen, Drohungen, Einsatz von Machtmittel). [222]

Bezüglich der Reichweiten von Politik bedarf es einer Unterscheidung in einen weiten und einen engen Politikbegriff. Im weitesten Sinne prägen politische Entscheidungsprozesse das Zusammenleben in allen Bereichen der menschlichen Interaktion (Freundeskreis, Familie, Vereine, etc.). Allerdings beschreibt die Gruppe um Georg Weißeno die politische Wirkungsstärke dieser Prozesse als wenig intensiv, da „die Bemühungen um Lösungen hier stark von Sachgesetzlichkeiten und gemeinsamen Interessen und Überzeugungen bestimmt sind."[223] Politik im engeren Sinne bezieht sich demnach auf das Wirken von politischen Institutionen innerhalb eines Staates, die Außenpolitik und die Zusammenarbeit internationaler Organisationen. Also auf den Willen zur Gestaltung allgemeingültiger poltischer Wirkungsweisen, die das globale bzw. das innerstaatliche Zusammenleben regeln sollen. Dabei kommt die entscheidende Kompetenz dem Staat zu. Was allerdings nicht heißen

---

[219] Vgl. dazu: Patzelt 1993, S.14.
[220] Vgl. dazu: Meyer 2006, S.41.
[221] Weißeno et al. 2010, S. 29.
[222] Vgl. ebd. S.29f.
[223] Ebd. S. 30.

soll, dass auch überstaatliche Institutionen sowie nichtstaatliche Organisationen (NGO´s) die entscheidenden Prozesse nicht entscheidend mitprägen können. Aus dem umfangreichen Auftrag von Politik ergibt sich, dass es quasi keinen Lebensbereich gibt der nicht politisch werden kann sowie dass das spezifisch politische mit keinem Politikfeld identisch sein kann, sondern auf alle Bereiche anwendbar sein muss. Allerdings legen die Autoren ihrem Modell ein Verständnis zu Grunde, wonach politische Prozesse einer anderen Logik folgen als ökonomische und kulturelle Prozesse. Die Logik politischer Handlungsweisen liegt für sie im Wirksamwerden der drei Dimensionen des Politischen: Ordnung und Form (polity), Inhalte und Ziele (policy) sowie Prozess oder Handeln (politics).[224] Diese Struktur lässt sich auch innerhalb der gewählten Basiskonzepte ‚Ordnung' (polity), ‚Entscheidung' (policy) und ‚Gemeinwohl' (politics) wiederfinden. Die getroffenen Regeln und die sich daraus ergebenden Handlungsanweisungen gelten dabei für alle Akteure die im politischen tätig sind (z.B. Regierungsmitglieder, Parlamentarier und Interessenverbandsvertreter). Für die Autorengruppe gehören die Medien und die Bevölkerung in ihrer Funktion als Wähler, was wiederum einige Teile der Bevölkerung nicht mit einbezieht, nur im weitesten Sinne zu politischen Akteuren.[225] Aus dieser Beschreibung des Politikbegriffes wird ersichtlich, dass die Autorengruppe des Bandes „Konzepte der Politik" ihrem Kompetenzmodell einen vorwiegend engen Politikbegriff zu Grunde legt, der sich überwiegend um politische Prozesse auf der Ebene des staatlichen und überstaatlichen Wirkens von Politik beschäftigt.

Allgemein beziehen sich die Autoren der Streitschrift in ihrem Modell auf die Politikdefinition innerhalb des GPJE-Entwurfes, wo „Politik als ein kollektiver, konflikthafter und demokratischer Prozess zur Herstellung verbindlicher Entscheidungen"[226] verstanden wird. Sie verwehren sich damit aber gegenüber einem Politikverständnis, was politische Bildung auf den staatlichen Handlungsbereich beschränkt, sondern schließen auch fundamentale lebensweltliche und gesellschaftliche Zugänge in ihr Verständnis mit ein.[227] Für die Autorengruppe Fachdidaktik setzt sich unter anderem Reinhold Hedtke, Professor für die Didaktik der Sozialwissenschaften und Wirtschaftssoziologie in Bielefeld, sehr differenziert und überaus kritisch mit dem Politikbegriff der Gruppe Weißeno et al. auseinander. Auch Hedtke sieht die Schwierigkeiten in einem unscharfen Bereich eine feste und praktikable Definition zu finden. Dass man sich dann auf eine Definitionen und einen klaren Rahmen für

---

[224] Zur näheren Ausdifferenzierung der einzelnen Dimensionen und ihrer Akteure: vgl. dazu Meyer 2006, S. 83ff.
[225] Vgl. Weißeno et al. 2010, S. 32ff.
[226] GPJE 2004, S. 10.
[227] Vgl. Autorengruppe Fachdidaktik 2011, S. 165.

den Unterricht einigt, ignoriert laut Hedtke die strukturelle Pluralität von Politikbegriffen innerhalb der Wissenschaft. Auch die Angaben zu Sinngehalt und Zweck der Politik verengen die Möglichkeiten von Politik und spiegeln ein falsches Bild der Praktizierbarkeit wieder. „Sie unterstellen, die Politik habe einen allgemeinen Sinn oder Zweck, man könne diesen wissenschaftlich und gesellschaftlich konsensuell feststellen und nur eine ontologisch-normative Perspektive auf Politik sei (fachdidaktisch) angemessen. (…) Sie verletzten das Kriterium der Wissenschaftsorientierung.[228] Auch die Unterteilung in einen engen und weiten Politikbegriff, welcher sich gerade im engen Bereich hauptsächlich auf das Handeln des Staates als Akteur versteht und dem Modell als Grundlage für den Unterricht hauptsächlich zu Grunde liegt, verfehlt nach Reinhold Hedtke den fachwissenschaftlichen und fachdidaktischen Kern, den Unterricht haben sollte. Die Gegenüberstellung eines konstruktivistischen Zugangs bzw. die Einbeziehung anderer Definitionen von Politik fehlt nach Hedtke. Damit kann das Prinzip der Wissenschaftsorientierung von der Gruppe des Bandes „Konzepte der Politik" nicht hinreichend umgesetzt werden.[229]

Des Weiteren wird auch die Annahme kritisch betrachtet, wonach das Gemeinwohl der übliche normative Bezugspunkt sei. Abweichende Ansätze werden von der Autorengruppe um Georg Weißeno nicht benannt. Die Möglichkeit auch alternative Zugänge zu Politik und gegebenenfalls Abweichungen von den benannten Definitionen zu erkennen, bleibt dem Schüler verwehrt. Ebenfalls wird die strikte Beziehung auf Politik als Grundlage verneint, da sie die lebensweltlichen und sozialwissenschaftlichen Aspekte des Lebens nicht betrachtet. [230] Auch die zugrundeliegende Definition (zusammengesetzt aus den Definitionen von Werner Patzelt und Thomas Meyer), „Politik ist jenes menschliche Handeln, das allgemein verbindliche und am Gemeinwohl orientierte Entscheidungen und Regelungen in und zwischen Menschen vorbereitet und herstellt"[231], ist in vielerlei Hinsicht problematisch.. Nicht nur das die ‚Gemeinwohlfixierung' der Gruppe andere Aspekte ausklammert sondern dieser Gemeinwohlbezug fehlt auch in der Definition von Werner Patzelt gänzlich.[232] Und auch Meyer legt sich in seiner Definition nicht auf Gemeinwohl als bestimmendes Element

---

[228] Hedtke, Reinhold: Die politische Domäne im sozialwissenschaftlichen Feld, in: Autorengruppe Fachdidaktik: Konzepte der politischen Bildung, Bonn 2011b, S. 58.
[229] Vgl. Hedtke 2011b, S. 58f.
[230] Auf diesen Aspekt wird noch differenzierter im nachfolgenden Kapitel (5.3.2.) eingegangen
[231] Weißeno et al. 2010, S. 29.
[232] „Politik ist jenes menschliche Handeln jenes menschliche Handeln, das auf die Herstellung und Durchsetzung allgemein verbindlicher Regelungen und Entscheidungen (d. h. von allgemeinen Verbindlichkeiten) in und zwischen Gruppen abzielt, dazu: Patzelt 1993, S. 14.)

politischer Prozesse festlegen.[233] Somit bediente sich die Gruppe um Georg Weißeno zweier Definitionen und zerstückelte sie, bis sie der Auffassung der Gruppe entsprach anstatt eine eigene Definition zu formulieren. Dies sollte wahrscheinlich zu einer gesteigerten Legitimität innerhalb der Didaktik und zur Anerkennung in der Fachdisziplin führen. Dies wird aber nun zu Recht von der Streitschrift angeprangert, da dies weder der wissenschaftlichen Arbeitspraxis entspricht noch ausreichend gekennzeichnet und mit korrekten Fußnoten versehen wurde.

Problematisch ist auch, dass die dargestellte Auffassung über Politik nicht zur Diskussion steht, wodurch das Kontroversitätsprinzip verletzt wird. Ähnliches gilt für den Einbezug unterschiedlicher politischer Theorieansätze, da man sich weitgehend auf das aristotelische Verständigungsmodell bezieht.[234]

Außerdem wird das Verständnis von Realitäts- Gegenstands- oder Inhaltsbereichen und deren Bezug auf einen jeweilige wissenschaftliche Disziplin -für Politikwissenschaften die Politik, für Soziologie die Gesellschaft, für Rechtswissenschaften das Recht- von Reinhold Hedtke nicht geteilt. „Die unterstellte eindeutige Identität zwischen Disziplin und Realitätsbereichen entspricht so nicht dem Selbstverständnis sozialwissenschaftlicher Disziplinen: Vielmehr konstituieren sie ihren Gegenstandsbereich erst durch ihre spezifische Perspektive.[235]

Zwar wiederspricht Hedtke nicht gänzlich der Aussage, dass es keinen Bereich des menschlichen Zusammenlebens gibt der nicht durch politische Entscheidungen geprägt ist. Er verwehrt sich aber demgegenüber, dass Politik eine Sonderstellung gegenüber anderen Bereichen wie Wirtschaft oder Gesundheit einnimmt. Da auch diese Bereiche die Lebenswelt grundlegend prägen würden. Das die Politik ist demzufolge als „Leitwissenschaft" innerhalb der politischen Bildung zu verankern und andere Bezugswissenschaften nur bei Bedarf und unter rein politischen Gesichtspunkten heranzuziehen, widerspricht dabei nicht nur der Unterrichtspraxis innerhalb Deutschlands sondern ist auch wissenschaftstheoretisch für den Wirtschaftspädagogen nicht tragbar.[236] Eine ähnliche Position findet sich innerhalb des Bandes „Konzepte der politischen Bildung. Eine Streitschrift" zudem bei Andreas Petrik, Professor der Didaktik für Sozialkunde in Halle. Er kritisiert ebenso die Fixierung auf rein politische Deutungsansätze und den Ausschluss von soziologischen Ansätzen wie „Politik der

---

[233] Politik ist die „Gesamtheit aller Aktivitäten zur Vorbereitung und Herstellung gesamtgesellschaftlich verbindlicher und/oder am Gemeinwohl orientierter und der ganzen Gesellschaft zugutekommender Entscheidungen, dazu: Meyer 2006, S. 41.
[234] Vgl. Weißeno et al. S.34ff.
[235] Hedtke 2011b, S. 62.
[236] Vgl. ebd. S 63f.

Lebensstile" oder „Alltagspolitik"[237], die nach seinem Verständnis berücksichtigt werden müssen, wenn man sich mit der Lebenswelt der Menschen sowie politischen Entscheidungen befasst, die von gesellschaftlichen Mehrheiten abhängen. Auch gerade deshalb müssen verschiedene Disziplinen betrachtet werden, wenn es um Gegenstände des Unterrichts geht. Inhalte können sich nach seinem Verständnis somit nicht grundlegend mit rein politischen Tätigkeitsfeldern befassen.[238] Auf die Gestaltung des Unterrichtsfaches soll aber im nächsten Abschnitt noch genauer eingegangen werden. Es bleibt aber festzuhalten, dass die vorliegende Definition von Politik, welche von der Gruppe um Georg Weißeno erarbeitet wurde, sowie deren Fixierung auf Gemeinwohlorientierung als zentrale Komponente der Politik und deren Überhöhung der Politikwissenschaft als Hauptdisziplin der politischen Bildung keine Zustimmung aus den Reihen der Autoren der Streitschrift entgegen kommen wird. Gerade dieses in großen Teilen gänzlich unterschiedliche Verständnis von Politik, aus dem im nächsten Schritt ein unterschiedliches Verständnis gegenüber der Bedeutung der einzelnen Bezugswissenschaften und somit für die Philosophie des Faches im Allgemeinen erwächst, ist ein zentrales Unterscheidungskriterium der beiden gegensätzliches Positionen.

5.3.2. Philosophie des Faches

Auch zur Philosophie des Unterrichtsfaches äußert sich die Autorengruppe um Georg Weißeno sehr ausführlich. Nach ihrem Verständnis ermöglicht das Fach „eine Erziehung zu politischer Mündigkeit und damit Urteilsfähigkeit (...), welche funktional für die gedeihliche Entwicklung der Demokratie ist."[239] Als Aufgabe der fachdidaktischen Theorie verstehen sie Klärung von Inhalten, Anforderungen und Handlungsweisen auszuarbeiten, die das oben formulierte Ziel des Faches ermöglichen. Es wird dabei durchaus die Erkenntnis gewonnen, dass politische Bildung in den einzelnen Bundesländern sehr unterschiedlich, zum Teil in unterschiedlichen Altersstufen, mit unterschiedlichen Schwerpunkten und in Kombination mit unterschiedlichen Bezugsdisziplinen (Wirtschaft, Soziologie, Geografie, Geschichte, Naturwissenschaften) unterrichtet wird. Gleichzeitig kommen sie zu dem Schluss, dass „im

---

[237] Vgl. dazu: Beck, Ulrich/ Hajer, Maarten A./ Kesselring, Sven: Der unscharfe Ort der Politik. Opladen 1999.
[238] Vgl. Petrik 2011a, S. 70f.
[239] Vgl. Weißeno et al. 2010, S. 23.

Fokus schulischer und politischer Bildung (…) thematisch stets die Politik [steht], wenngleich dieser Gegenstand auch andere Inhaltsfelder ausgreift [sic!]."[240] Dieses Verständnis wurde bereits in der Diskussion um den Politikbegriff sichtbar. Aus diesem Grund heraus sollen auch bei der Behandlung von Themengebiete aus anderen Bereichen (Ökologie, Recht, Geschichte usw.) explizit politische Zugänge gesucht werden. Dies spiegelt sich ebenso bei der genauen Betrachtung der Basis- und Fachkonzepte wieder, bei deren Auswahl und Aufbau vorwiegend nach Inhalten mit politischem Anspruch strukturiert wurde. Als Hauptbezugswissenschaft dient dabei, laut Aussage der Gruppe Weißeno et al., die Politikwissenschaft, aus welcher die politische Bildung Definitionen, Methoden und Befunden entnehmen soll und diese dann zum Inhalt des Politikunterrichtes umstrukturieren soll. Andere Bezugswissenschaften werden nur kooperierend hinzugezogen.[241]

Als Ziel politischer Bildung werden unterschiedliche Partizipationsmodelle von Bürgerbeteiligung am politischen Prozess miteinander verglichen. Trotz unterschiedlich starker Ausprägungen sei es laut Meinung der Autoren unstrittig, dass es Ziel politischer Bildung sei, ‚Lernende zu politischer Mündigkeit respektive Urteilskraft zu befähigen'. Diese Fähigkeiten dürfen sich nicht nur mit nationalstaatlichen Prozessen sondern auch mit transnationalen politischen und ökonomischen Globalisierungsprozessen befassen.[242]

Reinhold Hedtke kritisiert bereits die synonyme Verwendung der unterschiedlichen Begriffe Domäne, Fach, Disziplin und Realitätsbereich. Der nicht abgegrenzte Einsatz dieser verwirre und mache es daher unmöglich einen Rahmen zu spannen. Bewusst oder unbewusst forciert die Gruppe um Georg Weißeno damit eine Gleichbedeutung von Politikwissenschaft, Politik und politischer Bildung. Was den Begriff der Domäne überflüssig und durch den Begriff der Disziplin ersetzbar macht. Dieses Vorgehen widerspricht laut Hedtke den Vorgaben der GPJE sowie dem Selbstverständnis der einzelnen Bezugswissenschaften, die nicht als „Hilfswissenschaften" der Politik angesehen werden könnten. Auf Grund dieses unzureichenden Verständnisses ist es laut Reinhold Hedtke der Autorengruppe möglich „die angenommene disziplinäre Struktur in der Stundentafel [nach zu modellieren]. Sie konstruieren auch die Basis- und Fachkonzepte rein disziplinär und bilden so den Kern der vermeintlichen Inhaltsstruktur der ausgewählten Wissenschaftsdisziplin ab."[243] Der Logik dieses Vorgehens folgend, bedürfte es dann aus Sicht der Bezugsdisziplinen die

---

[240] Ebd. S. 24.
[241] Vgl. Weißeno et al 2010. S. 24f.
[242] Vgl. ebd. S. 26ff.
[243] Vgl. Hedtke 2011b, 51.

Notwendigkeit anderer Fächer (Soziologie, Recht, Volkswirtschaft, Humangeografie usw.) um ihren Bildungsauftrag ebenfalls nicht gänzlich zu vernachlässigen.[244] Dies ist in der Bildungslandschaft wo ständig um eine breitere Anerkennung und Ausweitung des Faches gekämpft aussichtslos und wohl auch im Sinne der Schüler wenig wünschenswert, geschweige denn realisierbar im Zuge der Lehrerausbildung.

Die drei gewählten Basiskonzepte „Ordnung", „Gemeinwohl und „Entscheidung" sieht Hedtke als charakteristische Merkmale von Gesellschaften nicht nur im politischen sondern auch im allgemein sozialwissenschaftlichen Bereich, gleiches gilt für die meisten der Fachkonzepte. In einem Unterrichtsfach müssen sie dabei aus den verschiedenen Blickwinkeln heraus betrachtet werden (Abb.10). Oft bietet sich ein politischer Zugang, bei wirtschaftlichen Themen wie beispielsweise ‚Markt' nicht zwingend an.[245]

	Politik	Gesellschaft	Wirtschaft	Recht
„Basiskonzept"		Ordnung		
		Entscheidung		
		Gemeinwohl	[Gemeinwohl]	Gemeinwohl
Fachkonzepte zu „Ordnung"		Grundrechte	?	Grundrechte
		Demokratie		
			Markt	[Markt]
	Rechtsstaat	?	Rechtsstaat	
		Sozialstaat		
		Staat		
Fachkonzepte zu „Gemeinwohl"		Freiheit		
		Gerechtigkeit		
		Gleichheit	[Gleichheit]	Gleichheit
		Menschenwürde		
		Nachhaltigkeit		?
		öffentliche Güter		?
		Sicherheit		

(Abb.: 10 Die Relevanz von "Basiskonzepten" und "Fachkonzepten" für Schulfächer ‚Hedtke 2011 S. 66)

---

[244] Vgl. ebd., S. 52.
[245] Vgl. Hedtke 2011b, S. 65.

In ihrem Gesamtentwurf setzt sich die Autorengruppe konsequenterweise dann auch für einen weiteren Bezugsrahmen für das Fach aus und versuchte in der Beschreibung ihrer Basiskonzepte verschiedene sozialwissenschaftliche Zugänge zu berücksichtigen. Politische Bildung wird als sozialwissenschaftliches Integrationsfach verstanden, welches mehrere Disziplinen und auch Fächer umfasst. Das Modell soll dabei als Orientierungshilfe nicht als „abzuarbeitende Liste" verstanden werden.[246] Der Begriff der Domäne bleibt ist dabei allerdings unscharf. Durch die Benennung zahlreicher Aspekte bleibt der Kern des zu Vermittelnden offen.

5.3.3. Verständnis von Kompetenzen und der Stellenwert von Wissen innerhalb der Diskussion

Innerhalb der Darstellung beider Modelle wurde bereits ersichtlich, dass es unterschiedliche Meinung zum Stellenwert von ‚Wissen' sowie über das Verständnis und die Bedeutung von Kompetenzen im Unterricht gibt. Hier kann leider nicht allumfassend auf die einzelnen Verständnisse und ihre Ursprünge einiggegangen werden. Dennoch wird das Thema angeführt, da gerade darin ein bedeutendes Unterscheidungskriterium erkennbar werden wird.

Beide Gruppen legen ihrem Kompetenzbegriff die Definition von Franz Weinert zu Grunde, welcher auch in der Klieme-Expertise verwendet und innerhalb des GPJE-Entwurfes umgesetzt wurde.[247] Weinert definiert Kompetenzen als die „bei Individuen verfügbaren oder durch sie erlernbaren kognitiven Fähigkeiten und Fertigkeiten, um bestimmte Probleme zu lösen, sowie die damit verbundenen motivationalen, volitionalen und sozialen Bereitschaften und Fähigkeiten [zu erlangen], um die Problemlösungen in variablen Situationen erfolgreich und verantwortungsvoll nutzen zu können."[248] Die sich daraus ergebenden Kompetenzen sollen demnach aus einem Zusammenwirken von Fähigkeiten, Wissen, Verstehen, Können,

---

[246] Vgl. Autorengruppe 2011, S. 164f, 168f.
[247] Vgl. Weißeno et al. 2010, S. 9, vgl. Sander, Wolfgang: Kompetenzorientierung in Schule und politischer Bildung- eine kritische Zwischenbilanz, in: Autorengruppe Fachdidaktik: Konzepte der politischen Bildung, Bonn 2011b, S. 11.
[248] Weinert 2001, S. 27f.

Handeln, Erfahrung und Motivation entstehen.[249] Welchem dieser Aspekte dabei die Hauptwirkung innerhalb der Kompetenzentwicklung zugesprochen wird, bleibt weitgehend offen und wird unterschiedlich gedeutet. Innerhalb der Politikdidaktik einigte man sich innerhalb der GPJE auf drei, für den Schüler unerlässliche Kompetenzen: „Handlungsfähigkeit", „Urteilsfähigkeit" und „methodische Fähigkeiten". Die Umsetzung und vor allem der Stellenwert von Wissen (konzeptuelles Deutungswissen) blieben weitgehend frei, da man sich auf kein einheitliches Vorgehen einigen konnte. Dies mündete wiederum in der Diskussion um Basiskonzepte, wie im Verlauf der Arbeit bereits eingehend erläutert wurde. Die Gruppe Weißeno et al. konzentriert sich in ihrem Modell also vorwiegend auf die konkrete Festlegung einer inhaltsbezogenen Politikkompetenz, da sie für die Gruppe bei der Vermittlung der anderen Kompetenzen existenziell ist. Sie orientiert sich dabei am Vorbild der naturwissenschaftlichen Fächer, die bereits Fachwissen in Form von Basiskonzepten konkretisiert haben.[250] Aussagen zu den drei geforderten Kompetenzbereichen der Bildungsstandards treffen sie allerdings nicht, verweisen aber auf die Notwendigkeit, diese bei der Erstellung eines allgemeinen Kompetenzmodells ebenfalls zu berücksichtigen. Den vorangegangenen Diskurs beschreiben sie als lähmend und sie beziehen sich nach eigener Aussage bei der Erarbeitung ihres Modells auf einen *common sense* innerhalb der Politikwissenschaft und der Politikdidaktik, welcher sich aus entsprechenden Theorien, Aussagen und empirischen Ergebnissen ergeben haben soll. Dies verhindert, laut eigenen Angaben, dass jeweils eigenen Vorstellungen der Vorrang gegeben wird[251], was aber mit der Überbetonung der Arbeit Georg Weißeno innerhalb der Arbeit schwer vereinbar ist. Was aber versteht die Autorengruppe genau unter „Politikkompetenz"? Auch bei der Definition von Politikkompetenz bezieht sich die Gruppe um Georg Weißeno auf die Definition von Weinert, wonach affektive, motivationale, volitionale, soziale und kognitive Bereiche Bestandteile dieser Kompetenz sein sollen.[252] Gerade auf die kognitiven Fähigkeiten, welche sich in der Anwendung von Wissen zur Problemlösung wiederspiegeln, legt die Autorengruppe ihr Hauptaugenmerk. Sie stellen fest, dass es auch für die Erreichung der Politikkompetenz mehrerer Kompetenzdimension bedarf, wobei sie sich bei ihrer Darstellung aber vorwiegend auf die Fachwissenskompetenz beziehen. Unter ‚kognitiver Politikkompetenz' verstehen sie demnach, dass Schüler in der Lage sind durch ihr Faktenwissen fachliche, also politische Fragen zu reflektieren und sie „richtig" beantworten

[249] Vgl. Klieme, Eckhardt (Hrsg.): Zur Entwicklung nationaler Bildungsstandards. Eine Expertise. Berlin 2003, S. 72f.
[250] Vgl. Weißeno et al. 2010, S. 11.
[251] Vgl. ebd,. S.12.
[252] Vgl. ebd., S. 16f.

zu können. Fehlvorstellungen von Schülern sollen im Unterricht zunehmend durch die Vermittlung von Fachwissen zu „richtigen" Konzeptvorstellungen transformiert werden.[253]

Fachwissen wird innerhalb des Bandes „Konzepte der Politk" als konzeptuelles Wissen verstanden. „Konzeptuelles Wissen lässt sich als „Vorstellung" über ein Phänomen bzw. eine Sache beschreiben, bei dem Begriffe und Konzepte eines Wissensbereiches miteinander verknüpft werden. (…) Mit Blick auf lebenslanges Lernen interessieren für politische Bildung weder vorrangig Faktenwissen (z.b. Namen von Parteien kennen) noch fachliches Einzelwissen (*case knowledge*) über konkrete politische Ereignisse (z. B. innerparteilicher Streit), sondern konzeptuelles Wissen."[254] Die aus diesem Verständnis und einer Abstufung der Anforderung zwischen den einzelnen Schulstufen heraus erarbeiteten Basis- und Fachkonzepte orientieren sich an einem Verständnis von *Literacy* nach Rodger W. Bybee[255]. Bybees „Konzept einer modernen Allgemeinbildung beschreibt Basisfähigkeiten, die für Inhalte, die immanente Stufung und die Lernarrangements von Bildungsprozessen notwendig sind. Es bestimmt in der Vorbereitung des wissenschaftsorientierten Lernens die Stufung der Grundbildung."[256] In Anlehnung an diesen Ansatz formuliert die Autorengruppe um Georg Weißeno unter dem Begriff Civic Literacy (CL), vier Stufen die im Sinne einer politischen Grundbildung zu erreichen sind. Unterteilt wird in nominale CL (Verwendung von politischen Namen/Wörtern im falschen Kontext wie z. B. Angela Merkel ist Bundespräsident), in funktionale CL (korrekte Verwendung von Begriffen), in konzeptuelle sowie prozedurale CL: (Herstellung und Verständnis von Zusammenhängen wie z. B. Bundeskanzleramt und Vertrauensfrage), und in multidimensionale CL (Einordnung von Wissen in übergeordnete und nicht zwingend politikspezifische Zusammenhänge). Voraussetzung für die Entwicklung dieser Fähigkeiten ist laut der Autorengruppe des Bandes „Konzepte der Politik" die didaktische Konstruktion und vor allem Reduktion des politikwissenschaftlichen Wissens. Aus diesem Anspruch heraus erarbeitete die Gruppe ihre Konzepte, damit Schüler nach dem Erlernen dieser Grundkenntnisse zu „richtigen" Antworten gelangen können.[257]

Diesem sehr umfassenden Verständnis von Kompetenz und konzeptuellem Wissen wird in sehr großem Umfang von der Autorengruppe Fachdidaktik widersprochen. Zwar stellen auch sie fest, dass innerhalb der Definition von Weinert auch ein Augenmerk auf kognitive

---

[253] Vgl. ebd., S. 17f.
[254] Richter 2011a, S. 59.
[255] Vgl. dazu Bybee, Rodger W.: Towards an understanding of scientific literarcy, in: Gräber, Wolfgang (Hrsg.): Scientific Literarc. An international symposium. Kiel 1997, S.37-68.
[256] Weißeno et al. 2010, S. 18f.
[257] Vgl. Weißeno et al. 2010, S. 18ff.

Fähigkeiten gerichtet wird. Allerdings betonen sie, dass Weinert diese Fähigkeit nicht gegenüber anderen akzentuiert. Sie kritisieren dabei, den hohen Stellenwert der ,Politikkompetenz' bei der Autorengruppe Weißeno et al.. Eine Kompetenz die im GPJE-Entwurf nicht in diesem Umfang benannt wird. Selbst die Formulierung des Begriffes ,Politikkompetenz' ist für Wolfgang Sander schwierig. Zwei Fachbezeichnungen werden aneinandergereiht ohne eine Anforderung bzw. ein Problem zu benennen. Für Sander besteht das vorgelegte Modell demnach nur aus der Definition des Gegenstandbereiches ,Politik' und benennt im eigentlichen Sinne keine Kompetenz, minimal eine Wissensdimension.[258] Dadurch wird nach ihrer Ansicht nicht die allgemein geforderte Outputorientierung sondern vielmehr ein Input- gesteuertes Vermittlungssystem postuliert. In diesem Sinne wird dem Modell der Gruppe um Georg Weißeno nachgesagt, das Kompetenzmodell der GPJE (Handlungsfähigkeit, Urteilsfähigkeit, Methodenkompetenz) in seiner Komplexität zu dezimieren, indem es Kompetenzentwicklung stark auf ,kognitive Politikkompetenz' reduziert und in ihrem Modell Handlungskompetenz nicht mehr formuliert..[259]

Neben dem Umgang mit Kompetenzen wird auch der Wissensbegriff näher charakterisiert. Das Vorgehen nach dem Stufenmodell wird von Reinhold Hedtke dahingegen kritisiert, dass eine solches Verständnis sich auf geeignete Wissensbestände beziehen sollte. Der einseitige Zugang über politikwissenschaftliches Wissen, begrenzt auf den deutschen Raum, klärt unzureichend die Bedeutung anderer Bereiche, beispielsweise aus den Sozialwissenschaften. Demnach kann laut Hedtke nur von *political civiv literararcy* bei Weißeno et al. gesprochen werden.[260] Auch die unterstellte kontextunabhängige Richtigkeit von Wissen, welches in Definitionen durch die Autoren vorgegeben wird, widerspricht dem Verständnis der Autorengruppe. Hedtke gibt zu bedenken, dass wissenschaftliches Wissen sich durchaus wandeln kann und es unterschiedliche Ansätze und Definitionen gibt. Dies muss diskutiert werden. Die Fachdidaktik kann keine allgemeinen Aussagen darüber treffen, welche für den Schüler „richtig" und somit notwendig zu erlernen sind. Dieses Vorgehen spiegelt sich auch im Verständnis von Fehlkonzepten wieder. Weißeno et al. verwendet diesen Begriff für Schülervorstellungen (Präkonzepte), welche häufig falsch und somit unbedingt umzuwandeln sind. Da die Autorengruppe hier ein anderes Vorgehen vorschlägt, bei welchem nicht von „richtigen" und „falschen" Konzepten per Definition ausgegangen werden kann, kritisiert sie diesen Umgang mit Schülervorstellungen vehement. „Fehlkonzeptionen werden damit wieder zu ,auszumerzenden' Fehlern, anstatt sie als offene Suchbewegungen zu verstehen, als

---

[258] Vgl. Sander 2010c, S. 48.
[259] Vgl. Autorengruppe Fachdidaktik 2011, S. 163f.
[260] Vgl. Hedtke 2011b, S. 54f.

notwendige, weil identitätsstiftende Annäherungen: Wie soll man sich die Natur ohne animistische Vorstellungen oder eine politische Identität ohne die ‚Illusion der Homogenität' aneignen? Konzeptwechsel ist somit ein Konzeptwandel als Ergänzung neuer Register für neue Anwendungskontexte, keinesfalls aber eine Unterdrückung oder Eliminierung des subjektiven ‚Vorwissens'."[261] Zudem entspricht der Wissensbegriff der Gruppe um Georg Weißeno nicht den Kriterien der Problemorientierung. Da auf Definition und nicht auf die allgemeine Erarbeitung von Lösungsansätzen geachtet wird.[262]

Betrachtet man die beiden Verständnisse lerntheoretisch ergibt sich dabei eine Unterscheidung in eine konstruktivistische und eine kognitive Lerntheorie.[263] Wie bereits erwähnt, ist die zentrale Annahme des Konstruktivismus ist, „dass wir ‚Wirklichkeit' erleben, keine objektiven Gegebenheiten, sondern eine von uns als Beobachtern hervorgebrachte Welt."[264] Jeder Mensch baut demnach zwar seine eigene Welt mit seinen eigenen Erfahrungen auf, ist aber durch Kommunikation und Lernen in der Lage eine gemeinsam geteilte Welt entstehen zu lassen. Dabei wird aber aus systematischen Gründen auf den Gebrauch des Begriffes ‚Wahrheit' verzichtet. Nicht nur Wolfgang Sander sondern auch andere Autoren des Bandes „Konzepte der politischen Bildung" vertreten Ansätze dieser Theorie. Anders dagegen sind, wie bereits deutlich gezeigt wurde, die lernpsychologischen Vorstellungen der Autorengruppe um Georg Weißeno. Besonders Joachim Detjen und Georg Weißeno verwehren sich vehement gegen dieses Verständnis. Sie kritisieren den Umstand, dass Inhalte subjektiviert werden und die Fachlichkeit dadurch reduziert wird. Zudem äußern sie Kritik an der hohen Betonung des Selbstlernens und den offenen Ergebnissen.[265] So schwellt unter der Oberfläche hier bereits ein grundlegender Konflikt, der bereits in den 90er Jahren Teil der politikdidaktischen Debatte war. Solange es diesen grundsätzlichen lernpsychologischen Auffassungsunterschied gibt, wird eine Einigung gerade beim Stellenwert von Wissen und Kompetenzen immer unwahrscheinlicher je tiefer man in die Diskussion hineingeht.

---

[261] Autorengruppe Fachdidaktik 2011, S. 166.
[262] Vgl. Hedtke 2011b, S. 57.
[263] Vgl. dazu Lange, Dirk: Konzepte als Grundlage der politischen Bildung. Lerntheoretische und fachdidaktische Überlegungen , in: Autorengruppe Fachdidaktik: Konzepte der politischen Bildung, Bonn 2011 S. 98.
[264] Pohl 2001 S.129.
[265] Vgl. Pohl 2007, S. 325.

5.3.4.Theorietradition

„Was unter Politikdidaktik zu verstehen ist, wird unter ihren Vertreter/-innen kontrovers diskutiert"[266], eine Aussage die auch im Blick auf die hier vorgelegte Arbeit als wahr angesehen werden kann und allgemein anerkannt ist. Über die gesamte Zeitspanne der Entwicklung politikdidaktischer Konzeptionen lassen sich Unterschiede bei Methode, Intention, Inhalten, Zielen sowie vielen weiteren Ansatzpunkte finden. Allerdings lassen sich laut Auffassung der Gruppe um Georg Weißeno durchaus Übereinstimmungen auf formaler Ebene erkennen. Demnach ist die „Politikdidaktik eine eigenständige wissenschaftliche Disziplin (...), die sich mit dem politischen Lehren und Lernen in der Schule und im Unterricht beschäftigt."[267] Bis auf die Einschränkung auf ‚Schule' und ‚Unterricht', was die außerschulische politische Bildung sowie das informelle Lernen und Lehren innerhalb von Gesellschaften ausklammert, kann auch die Autorengruppe der Streitschrift dieser formalen Arbeitsdefinition zustimmen.[268]

Bei der zusammenfassenden Einteilung zur Beschreibung politikdidaktischer Konzeptionen lassen sich aber größere Diskrepanzen herauslesen. Die Autorengruppe des Bandes „Konzepte der Politik" verweist auf der Ebene der „Ziel- und Inhaltsklärung" auf vier Merkmalskriterien die sich aus ihrem Verständnis heraus ergeben und nach denen sie ausgewählte politikdidaktische Ansätze skizzieren[269]:

„1. Auf der Ebene der Inhalte und unter einem empirischen Anspruch geht es um die Beschreibung der politischen Wirklichkeit der Demokratie mit Hilfe eines komplexen Politikbegriffs.

2. Auf der Ebene der Inhalte und unter einem normativen Anspruch geht es um eine komplexe Vorstellung von Demokratie, ihren Bedingungen, ihren Zumutungen und ihrer Zukunft, in der die *Input-* und *Output*dimension des demokratischen Systems theoretisch verknüpft ist.

3. Auf der Ebene der Ziele geht es unter einem normativen Anspruch um eine Stärkung der Legitimität des demokratischen Systems und um seine Stabilisierung.

---

[266] Weißeno et al. 2010, S. 36.
[267] Ebd. S. 36.
[268] Vgl. Grammes, Tilman: Konzeptionen der politischen Bildung- bildungstheoretische Lesarten aus ihrer Geschichte, in: Autorengruppe Fachdidaktik: Konzepte der politischen Bildung, Bonn 2011, S.27.
[269] Vgl. Weißeno et al. 2010, S. 38f.

4. Auf der Ebene der Ziele geht es unter einem normativen Anspruch um die Autonomie und die politische Mündigkeit der Individuen in ihrer Rolle als Bürgerin und als Bürger sowie um die Vermittlung der dazu notwendigen Kompetenzen und Dispositionen."[270]

Allgemein kritisiert Tilman Grames, Professor für Didaktik der Erziehungswissenschaft/ Didaktik sozialwissenschaftlicher Fächer an der Universität Hamburg, stellvertretend für die Autorengruppe Fachdidaktik innerhalb dieser Auflistung, dass darin Auffassungen zu finden sind, wonach die Fachdidaktik als „methodisch organisierte Vermittlung feststehender ‚geklärter' Ziele und Inhalte [zu verstehen ist], die den Zusammenhang von Wissen und Bildung auflöst."[271] Des Weiteren wird die Festlegung auf rein politikspezifische Merkmale gelegt, was andere Bereiche wie Wirtschaft oder Soziologie ausklammert. Auch die Bedeutung der Demokratie nur auf das politische System und nicht auf Lebens- und Gesellschaftsformen innerhalb der Bevölkerung zu beziehen ist seiner Ansicht nach fraglich. Dies wird der Pluralität des Faches nicht gerecht. Auch der Bezug auf eine rein deutsche Tradition und das Ausklammern internationaler Aspekte werden kritisiert. [272]

Auch wenn die Gruppe um Georg Weißeno nicht den Anspruch einer vollständigen Analyse erhebt, skizziert sie doch in kurzen Absätzen nach den vier Kriterien und unter einem besonderen Fokus auf das jeweilige Politikverständnis, die fachdidaktischen Konzeptionen von Kurt Gerhart Fischer, Hermann Giesecke, Wolfgang Hilligen, Ernst August Roloff, Rolf Schmiederer, Bernhard Sutor und Bernhard Claußen. Zudem wird auf Ansätze von Tilmann Grammes, Gotthard Breit, Ingo Juchler, Wolfgang Sander und Joachim Detjen verwiesen. Alle diese Didaktiker, mit ihrer jeweiligen Darstellung und der jeweiligen kritischen Betrachtung durch Tilman Grammes nachzugehen, würde den Rahmen des Kapitels sprengen und könnte vom Umfang her Thema einer weiteren Arbeit sein. Deshalb kann nur in Auszügen und anhand einzelner Beispiele die Kontroverse innerhalb des Verständnisses älterer Konzeptionen dargestellt werden.

Allen betrachteten Konzeptionen unterstellt die Autorengruppe um Georg Weißeno eine zugrundeliegende Definition von Politik und ein Verständnis von Demokratie in unterschiedlicher Ausprägung. Demnach beschreibt schon Fischer schon die Vorgänge in der Politik als Willensbildungs- und Entscheidungsprozesse mit dem Ziel verschiedene Interessen durchzusetzen. Und obwohl er kein komplexes Demokratiekonzept besitzt, so hat er doch, laut Ansicht der Autorengruppe um Georg Weißeno, ein pluralistisches

---

[270] Ebd. S. 39f.
[271] Grammes 2011, S.27.
[272] Vgl. Grammes 2011, S. 28f.

Demokratieverständnis. Bezugspunkt seiner Didaktik sei aber nicht das politische System an sich sondern das Individuum selbst (Selbstbestimmung und Mitbestimmung).[273] Grammes charakterisiert Fischers Didaktik als äußert schwierig in die oben dargestellten Kriterien einzuordnen. Fischer hat sich stets gegen abgeschlossene Auflistungen von Inhalten und Begriffen versperrt, was von Weißeno et al. unerwähnt bleibt. Zudem bezog sich Fischer nicht auf die Politikwissenschaft als reine Bezugswissensschaft der Fachdidaktik. Außerdem war Fischers politische Bildung stark demokratiepädagogisch geprägt, weswegen er sich immer wieder gegen einen verengten Politikbegriff ausgesprochen hatte.[274] Gerade aber mit so einem verengten Politikbegriff arbeitet man im Band „Konzepte der Politik", weswegen man sich nicht umstandslos auf Fischer berufen sollte. Indem die Autorengruppe, laut Ansicht von Tilman Grames, nur findet was sie sucht, „ verbaut [sie] sich damit nicht nur ein inwendiges Verstehen der politikdidaktischen Konzeption, sondern verliert auch die Anschlussfähigkeit an moderne politik- und demokratietheoretische Überlegungen in der internationalen politikwissenschaftlichen Diskussion, in der der Zusammenhang von Subjekt und ‚Regierung' gerade nicht ausgeblendet ist."[275] Allerdings könnte man bei Tilman Grames an manchen Stellen auch beanstanden, dass er zur Unterstützung seiner Kritik Ansatzpunkte herausarbeitet und der Autorengruppe um Georg Weißeno unterstellt, die nicht augenscheinlich in deren Analyse zu finden sind. Der Verweis auf den Lesefehler, worin die Autoren „die didaktische Wende mit der sozialwissenschaftlichen Wende identifizieren"[276], ergibt sich nicht. Da Georg Weißeno et al. auf den damaligen Wandel innerhalb der Wissenschaft nicht detailliert eingehen. Dies aus den Worten „im eigentlichen Sinne" herzuleiten[277], entspricht wohl auch sehr dem Wunsche „zu finden was man sucht".

Findet man bei vielen Autoren, wie beispielsweise Rolf Schmiederer, nach den oben formulierten Kriterien wenige Übereinstimmungspunkte, so wird zumindest Bernhard Sutor, von den Verfassern des Bandes „Konzepte der Politik" eine differenzierte fachdidaktische Konzeption bescheinigt, die sowohl einen umfassenden Politikbegriff sowie ein so komplexes Demokratiemodell besitzt.[278] Allerdings wirft Tilman Grammes ein, dass er sich bei diesen

---

[273] Vgl. Weißeno et al. 2010, S. 39 vgl. dazu: Fischer 1973, S.40.
[274] Vgl. Grammes 2011, S. 30f.
[275] Grammes 2011, S. 32.
[276] Ebd. S.32.
[277] Vgl. Grammes 2011, S. 30.
[278] Vgl. Weißeno et al., 2010, S. 42.

nicht auf rein politikwissenschaftliche sondern vor allem auch auf philosophische Grundannahmen stützt.[279]

Die Darstellung der einzelnen Konzeptionen erfolgt innerhalb des Bandes „Konzepte der Politik" so schemenhaft, das man ohne vorherige Kenntnisse der jeweiligen Konzeption diese nicht eingehend verstehen kann. Der Zweck dieser zeitlichen Darstellung wird aber dennoch bewusst. Man will sich innerhalb einer Theorietradition einordnen, die eigene Arbeit quasi als notwendige und logische Konsequenz einreihen. Es wird versucht, die inhaltliche Offenheit der Ansätze herausfiltern um im nächsten Schritt darauf zu verweisen, dass es für Basis- und Fachkonzepte um nachhaltig wirken zu können, einer genauen Formulierung und Festlegung dieser auf Inhalte geben muss. Die Kompetenzdimension von spezifischem, für das Unterrichtsfach notwendigem Fachwissen soll demnach festgelegt werden.[280] Bereits 2008 wurde die Festlegung der Dimension des Fachwissens von Dagmar Richter gefordert. „Denn ohne sie lässt sich die Kompetenzdimension Fachwissen nur als additiver » Wissenskanon« mit mehr oder weniger zusammenhängenden Wissensgebieten darstellen."[281]

Das dieser Forderung gerade bei Fachdidaktikern mit einem anderen Verständnis von Wissen, wie beispielsweise Wolfgang Sander, der ein konstruktivistisches Verständnis von Lernprozessen hat, nicht nachgekommen wurde, verwundert nicht. Dass eine Festlegung dieses Fachwissens und ihre Zuweisung als bedeutende Kompetenz, Kritik und Gegenargumente hervorbringen, verwundert noch weniger. Auch Tilmann Grammes kritisiert das Vorgehen der Fachdidaktiker um Georg Weißeno und hinterfragt kritisch die Lesart der jeweiligen Konzeptionen. Ihn stört bereits die Auflistung die nicht systematisch sondern chronologisch erfolgt und somit eine Entwicklungslogik impliziert. Die Aufteilung erfolge nach der Logik ‚Aufstieg, Zerfall und Rettung‘, wobei das vorgestellte Kompetenzmodell (Weißeno et all.) wohl den Part des ‚Rettungsprogramms‘ übernehmen solle. Alternative aktuelle Denkstile, die gerade innerhalb der Demokratiepädagogik oder der Kritischen Politischen vertreten werden, würden um die Logik nicht zu gefährden dabei einfach ausgeklammert. Zudem seien die gezogenen Schlüsse innerhalb der Konzeption sowie ihre verknappte Darstellung kritikwürdig.[282] Zusammenfassend lässt sich festhalten, dass man innerhalb der Streitschrift der Gegenpartei vorwirft durch eine verkürzte, chronologische und gezielte Darstellung von Konzeptionen dem Diskurs eine innere Logik verpasst und somit

---

[279] Vgl. Grammes 2011, S. 38.
[280] Vgl. Weißeno et al. 2010, S. 45.
[281] Vgl. Richter, Dagmar: Kompetenzdimension Fachwissen. Zur Bedeutung und Auswahl von Basiskonzepten, in: Weißeno, Georg (Hrsg.): Politikkompetenz. Was Unterricht zu leisten hat, Bonn 2008, S. 164.
[282] Vgl. Grammes 2011, S. 43f.

versucht hat den eigenen Ansatz quasi aus der historischen Entwicklung heraus als notwendige Konsequenz zu etablieren.

5.3.5. Medien- und Materialeinsatz

In diesem Abschnitt soll es um einen Vergleich der unterschiedlichen Auswahlkriterien bei der Selektion geeigneter Unterrichtsmaterialien und dem Einsatz von Unterrichtsmedien gehen. Medien und Politik sind in der Vergangenheit immer tiefer miteinander vernetzt worden. Diese Entwicklung hat auch tiefgreifende Rückwirkungen auf den Politikunterricht, wo Medien heute unerlässlicher Bestandteil jeder Unterrichtsstunde sind. Bei näherer Betrachtung zeigt sich eindeutig die Notwendigkeit, da Politik der Bevölkerung in allererster Linie über die Medien näher gebracht wird. Bedingt durch neue technische Errungenschaften erweitert sich auch das Spektrum der Möglichkeiten für einen kreativen Medieneinsatz, welcher den Unterricht interessanter und sogar erfolgreicher gestalten kann.[283]

Überraschend ist, dass dem Thema Medien- und Materialauswahl im Band „Konzepte der Politik" vergleichsweise wenig Bedeutung zukommt. Innerhalb der einzelnen Erläuterungen zu Basis- und Fachkonzepten finden sich auch im Bereich der Beispielthemen kaum Vorgaben für mögliche Mediennutzungen. Gerade Anregungen zum Umgang mit den ‚neuen Medien' vermisst man gänzlich. Nur im Bereich des Unterrichtsbeispiels werden Auswahlkriterien benannt: „ Bei der Auswahl von Materialien wie bei der Konstruktion von Lernaufgaben ist mithin konkret darauf zu achten, dass sie sich auf die vorab festgelegten Basis-und Fachkonzepte beziehen und konstituierende Begriffe erhalten. Zu achten ist auch darauf, ob mit den allgemeinen Kompetenzen gefördert werden können."[284] Die Unterscheidung zwischen allgemeinen Kompetenzen (Kommunizieren, Argumentieren, Problemlösen, Modellieren, Urteilen) und inhaltsbezogenen Kompetenzen (Basiskonzepte, Fachkonzepte, konstituierende Begriffe) trifft die Autorengruppe um Georg Weißeno in Bezug auf Werner Blum[285], Mathematikprofessor in Kassel. Dies verwundert, da es für die politische Bildung seit 2004 ein eigentlich anerkanntes Kompetenzmodell mit den

---

[283] Vgl. Besand, Anja/Sander, Wolfgang: Zur Einführung, in: Besand, Anja/Sander, Wolfgang (Hrsg.): Handbuch Medien in der politischen Bildung, Schwalbach/ Ts. 2010, S. 9ff.
[284] Weißeno et al. 2010, S. 196.
[285] Vgl. dazu.: Blum , Werner: Einführung, in: Blum, Werner/Drüke-Noe, Christina/ Hartung, Palph/ Köller, Olaf: Bildungsstandards Mathematik: konkret, Berlin 2006, S. 14-32.

Kompetenzen: politische Urteilsfähigkeit, politische Handlungsfähigkeit und methodische Fähigkeiten gibt. Die Konzentration auf die inhaltsbezogenen Kompetenzen, also die Fokussierung auf Fachinhalte läuft dem eigentlichen Trend der Outputorientierung entgegen und schafft damit quasi ein Gegenmodell zum Kompetenzmodell der GPJE, obwohl dies nicht das Ziel der Autoren zu sein schien, das liest man zumindest in der Einleitung.[286] Dieser Gegensatz an sich erregt natürlich schon Widerspruch innerhalb der Fachdidaktik. Aber auch die Vorgaben für die Auswahl von Materialien widersprechen dem allgemeinen Trend, wonach Medien nicht nur einen unterrichtlichen Teilbereich darstellen sondern der fachkundige und sichere Umgang mit Medien eine Grundkompetenz an sich darstellt. Laut Autorenmeinung der Gruppe Weißeno et al. reicht als Auswahlkriterium für ein ‚gutes' Medium die möglichst genaue Beschreibung und häufige Nutzung der konstituierenden Begriffe. In ihrem Beispiel verwenden sie daher nur ausgesuchte Texte, andere Möglichkeiten zur Mediennutzung werden nicht benannt. Ziel sei es durch die ständige ‚richtige' Verwendung der Definitionen zu den jeweiligen Konzepten einen systematischen und nachhaltigen Wissensaufbau zu ermöglichen. Die Auswahl von Methoden und Sozialformen ist durch dieses Vorgehen und vor allem auf die Auswahl geeigneter Texte als zu verwendende Materialilien begrenzt. Unter ‚geeignet' verstehen Weißeno et al. Texte, die die konstituierenden Begriffe besonders häufig beinhalten. Um die Schüler durch den Umfang dieser nicht zu überfordern, bedarf es der Kürzung um „nicht notwendige Informationen."[287] Das dieses Vorgehen als reines ‚Wörterlernen' zu trägem Wissen und Politikverdrossenheit führen könnte, vereint man vehement[288], da „ den Lernenden mit den Textbeispielen Modelle für den Aufbau eigener Wissensnetze angeboten werden. Die Fachkonzepte sind dabei gezielt in viele Worte übersetzt, die das Wissen der Domäne Politik repräsentieren, und die Schüler/-innen mit dem individuellen Weltwissen abzugleichen haben. Insofern wird für den Lehrer/-innen wie für die Schüler/-innen transparent, was genau gelernt sein muss, um erfolgreich die Klausur oder den Text zu bestehen. Unterrichten und Lernen werden leichter."[289]

Doch werden sie auch kompetenzorientierter, outputorientierter und somit für den Schüler anwendbarer? Müssen die „eigenen" Wissensnetze der Schüler nicht denen der Vorgaben (konstituierenden Begriffe) gleichen um „richtig" und prüfbar zu sein, was ist daran als vom Schüler entwickelt und nicht durch den Lehrer vorgegeben. Die Vorgaben zum Umgang mit Medien im Band „Konzepte der Politik" kritisiert auch Anja Besand, Professorin an der TU

---

[286] Vgl. dazu. Weißeno et al. 2010, S. 9.
[287] Weißeno et al. 2010, S. 198.
[288] Vgl. ebd., S. 197ff.
[289] Ebd. S. 199.

Dresden und Mitglied der Autorengruppe Fachdidaktik, in ihrem Aufsatz: „Zum Kompetenzorientierten Umgang mit Unterrichtsmaterialien und- medien"[290]. Zwar stimmt sie grundsätzlich mit der Meinung der Autoren überein, dass Materialien die sich nur präzise auf Konzepte und konstituierende Begriffe beziehen müssen, relativ schnell und einfach zu ermitteln sind. Allerdings erscheint ihr „eine derart bescheidene Qualitätsberurteilung von Unterrichtsmerkmalen (…) angesichts der bereits seit Jahren in der politischen etablierten Standards schlicht unterkomplex."[291] Sie bezieht sich innerhalb ihres Kommentars auf Kriterien aus dem Beutelsbacher Konsens (Überwältigungsverbot, Kontroversitätsgebot, Schülerorientierung) sowie die Vertiefung dieser ersten Vorgaben innerhalb der didaktischen Prinzipien, welche in der Mitte der 80er Jahre entstanden und ebenfalls Konsequenzen für die Auswahl geeigneter Medien formulierten. Anja Besand orientiert sich dabei an den Kriterien Wolfgang Sanders (Abb. 11), verweist aber darauf, dass der Versuch alle Vorgaben zwanghaft zu verwirklichen um geeignete Materielaien auszuwählen, nicht realistisch ist.[292]

Didaktische Prinzipien	Kriterien für die Auswahl und Beurteilung von Unterrichtsmaterialien
Handlungsorientierung	Unterrichtsmaterialien und -medien sollten so strukturiert sein, dass die Lernenden vielfältige Möglichkeiten zum aktiv-handelnden Umgang mit ihnen oder den in ihnen repräsentieren Fragestellungen und Problemen erhalten.
Wissenschaftsorientierung	Unterrichtsmaterialien und -medien sollten so strukturiert sein, dass das in ihnen angebotene Wissen und der methodische Umgang mit diesem vor dem Hintergrund der Sozialwissenschaften verantwortbar ist.
Problemorientierung	Unterrichtsmaterialien und -medien sollten so strukturiert sein, dass der Problemgehalt der ausgewählten Zusammenhänge deutlich wird.
Schülerorientierung	Unterrichtsmaterialien und -medien sollten so strukturiert sein, dass sie an die Wahrnehmungsweisen, aber auch das Vorwissen und die Voreinstellungen und Interessen der Adressaten anschlussfähig sind.
Exemplarisches Lernen	Unterrichtsmaterialien und -medien sollten so strukturiert sein, dass an in ihnen repräsentierten Beispielen, Problemen oder Fällen verallgemeinerbare Erkenntnisse gewonnen werden können.
Kontroversität	Unterrichtsmaterialien und -medien sollten so strukturiert sein, dass die kontroverse Struktur des Politischen sichtbar wird.

(Abb.:11 Didaktische Prinzipien nach Sander und ihre Konsequenzen für die Auswahl von Unterrichtsmaterialien und – medien, Besand 2011, S. 135)

---

[290] Vgl. dazu: Besand, Anja: Zum kompetenzorientierten Umgang mit Unterrichtsmaterialien und-medien, in: Autorengruppe Fachdidaktik: Konzepte der politischen Bildung, Bonn 2011, S.133-146.
[291] Ebd. S. 143.
[292] Vgl. Besand 2011, S.133.

Zudem verweist die Autorin auf die Wandlungsprozesse in der Wissenschaft, welche vor allem durch die PISA-Debatte ausgelöst wurden und eine Verlagerung weg von der Input- und hin zur Outputorientierung zur Folge hatte. Somit bedurfte es neben den oben genannten Kriterien weiterer, vor allem kompetenzorientierter Vorgaben, was durch Bildungsstandards und das Kompetenzmodell der GPJE realisiert werden konnte. Der geforderte Kompetenzzuwachs bei den Schülern verdeutlicht, „dass mit Lernanlässen nicht beliebige Impulse gemeint sind, sondern Anregungen die darauf zielen, den Lernenden die Übernahme ihrer Bürgerrolle in Staat, Wirtschaft und Gesellschaft zu ermöglichen, indem die Ausbildung komplexer Fähigkeiten initiiert wird.[293] Unterrichtsmaterialien müssen dementsprechend auch danach ausgewählt werden, in wieweit sie politische Urteils- und Handlungsfähigkeit sowie methodische Fähigkeiten (Kompetenzen im GPJE-Modell) fördern.[294] Da zudem auf dem Vorwissen der Schüler aufgebaut werden soll, müssen Unterrichtsmaterialien auch diesen Umstand berücksichtigen und eine selbstgesteuerte Weiterentwicklung ermöglichen. Anja Besand fasst alle ihre Vorgaben zur Beurteilung von Unterrichtsmaterialien innerhalb eines mehrdimensionalen Modells (Abb. 12) zusammen. Darin lassen sich nicht nur Ziele oder zu erwartende Ergebnisse ablesen sondern auch der jeweiligen Qualität von Unterrichtsprozessen und Inhalten wird nachgegangen.[295]

---

[293] Vgl. Langner, Frank: Das Schulbuch, in: Besand, Anja/Sander, Wolfgang (Hrsg.): Handbuch Medien in der politischen Bildung. Schwalbach/Ts. 2010, S.432-443.

[294] Anja Besand verweist in ihrem Artikel auf die konkreten Anleitungen und Settings zur Erarbeitung kompetenzorientierter Aufgabenstellungen auf „Kompetenzorientierte Aufgabenentwicklung" von Wilfried Reisse (München 2008) sowie auf die explizit kompetenzorientierten Schulbücher aus der Reihe Politik & Co vom C.C. Buchner Verlag. Zudem wird eine Beispielaufgabe aus der Bundeszentralenreihe „Themen für den Unterricht aus dem Band: „Demokratie- Was ist das?" von Lothar Scholz

[295] Vgl. Besand 2011, S. 142.

Qualität des Gegenstandes (Subjekt-Standards)	Qualität der Inhalte (Content-Standards)	Qualität der Lern- und Unterrichtsprozesse (Process-Standards)	Qualität der Ziele (Performance-Standards)
Repräsentation Entspricht die Vielfalt der medialen Repräsentation des Gegenstandes im Bildungsprozess der Vielfalt der medialen Repräsentation des Gegenstandes in der Gesellschaft?	**Exemplarisches Lernen** Können im Material verallgemeinerbare Erkenntnisse gewonnen werden?	**Kontroversität** Wird eine kontroverse Auseinandersetzung mit dem Gegenstand initiiert?	**Politische Urteilskompetenz** Sind Aufgaben- oder Problemstellungen enthalten, die geeignet sind, Kompetenzen aus dem Bereich der politischen Urteilsfähigkeit zu entwickeln?
Rezeption/ Schülerorientierung Werden die Wahrnehmungsgewohnheiten und Interessen der Adressaten berücksichtigt?	**Problemorientierung** Wird der Problemgehalt der repräsentierten Fragestellung sichtbar?	**Handlungsorientierung** [296]Ermöglicht das Material einen aktiv-handelnden Umgang mit Fragestellungen und Problemen?	**Handlungskompetenz** Können politische Handlungsfähigkeiten trainiert werden?
	Wissenschaftsorientierung Sind die Inhalte fachlich angemessen repräsentiert?	**Diagnostische Dimension** Sind diagnostische Elemente enthalten?	**Methodische Fähigkeiten** Wird die Entwicklung methodische Fähigkeiten unterstützt?

(Abb.: 12 Modell zur Beurteilung von Unterrichtmaterialien und- medien, Besand 2011, S.141)

Der Gruppe Weißeno et al. wirft Anja Besand vor, bezogen auf das oben dargestellte Modell, alle Kriterien mit Ausnahme der rein Inhaltsbezogenen (Problemorientierung/ Wissenschaftsorientierung) zu ignorieren.[296] Die Formulierung von Unterrichtszielen innerhalb des Bandes der Autorengruppe um Georg Weißeno sei so schlicht und entspräche nicht dem Vorgehen der gängigen Praxis, dass solche Formulierungen weder einem Schulbuchautor noch einem Referendar über die Lippen kommen würden.[297] Auch von Studenten verlange man innerhalb ihres Studiums weitaus anspruchsvollere Formulierungen. Gleiches gilt für den Anspruch der ausgewählten Medien, die im Unterrichtsbeispiel nur aus Texten bestehen. Dies ist logisch, betrachtet man die Anforderungen der Autoren, aber laut Meinung der Autorin nicht mit den allgemein anerkannten Aufgaben eines Lehrers vereinbar. Die Formulierung innerhalb des Unterrichtsbeispiels: „Die Unterrichtseinheit präsentiert Aspekte des Fachkonzeptes »Europäische Akteure« vor allem in Form von Texten. Texte entsprechen dem gängigen Muster alltäglichen Unterrichts und sind vielseitig mit anderen

---

[296] Vgl. Besand 2011, S. 143.
[297] Vgl. ebd., S.144.

Unterrichtsmethoden kombinierbar"[298], weist auf eine Gleichsetzung von Medien- und Methodeneinsatz hin, was gänzlich dem Verständnis innerhalb der Didaktik widersprechen und somit haltlos wäre. Ebenfalls zu bedenken gibt die Autorin Anja Besand, dass Schüler wenn sie darauf trainiert werden Schlagworte zu verwenden und für die häufige Benutzung dieser mit guten Noten belohnt werden, es nicht lange dauern wird bis jeder Schüler das System verstanden hat und die Begriffe in Antworten und Klausuren massenhaft reproduziert. Was sie allerdings unter diesen Begriffen verstehen und ob sie sie gezielt anwenden können, wird aus diesem Vorgang genauso wenig ersichtlich,[299] wie das eigentliche Interesse und die Begeisterung der Schüler für Themen des Unterrichts. Die Rückkehr zu inputorientiertem Unterricht scheint unter dem Label der Kompetenzorientierung durch den Ansatz der Gruppe Weißeno et al. nach Ansicht der Autorengruppe Fachdidaktik geradezu der Weg bereitet zu werden. Dies wollen die Autoren der Streitschrift verhindern, damit der Fortschritt der letzten 30 Jahre nicht hinter alteingesessenen Traditionen zurückfällt. Die einfache Darstellung zu Medien bezogen auf die Textgattung durch die Autorengruppe bestehend aus Georg Weißeno, Joachim Detjen, Peter Massing und Dagmar Richter verwundert zudem, da sich die Autoren in früheren oder zeitgleich erschienen Veröffentlichungen sehr viel reflektierter über die Bedeutung eines breiten Medienspektrums geäußert haben. So verweist Dagmar Richter bereits 2007 in ihrem Sammelband „Politische Bildung von Anfang" an auf die große Bedeutung von Medien und ihren reflektierten Einsatz auf verschiedenen Ebenen. Die Beispiele die aufgeführt werden, rücken dabei stark von einem Unterricht ab, der sich nur durch die Bearbeitung von Textmaterialien auszeichnet.[300] In einem Aufsatz von 2010 spricht sich Dagmar Richter für den reflektierten Einsatz von Kunstwerken innerhalb des Politikunterrichtes aus, weil dadurch die Fantasie und Vorstellungskraft angeregt und die Wahrnehmungs- und Deutungsfähigkeiten differenziert werden könnten, was wiederum eine Stärkung der Urteilskraft zu Folge hätte. Die Einbeziehung von Kunstwerken kann laut Ansicht Dagmar Richters dabei nahezu in allen Politikfeldern Anwendung finden und ist dabei sehr vielversprechend.[301] Auch Peter Massing spricht sich für einen breiteren Einsatz auch unkonventioneller Medien im Politikunterricht aus, weil „für die meisten Menschen findet Politik ganz überwiegend medial vermittelt statt und in Demokratien stehen Medien

---

[298] Weißeno et al. 2010, S. 200.
[299] Vgl. Besand 2011, S. 142f.
[300] Vgl. Dagmar 2007a, S. 15.
[301] Vgl. Dagmar, Richter: Kunstwerke in der bildenden Kunst- ihre besonderen Merkmal, in: Besand, Anja/Sander, Wolfgang (Hrsg.): Handbuch Medien in der politischen Bildung, Schwalbach/ Ts. 2010, S. 276ff.

und Politik in einem von gegenseitiger Abhängigkeit geprägtem Austauschverhältnis."[302] Dabei bezieht er sich auf die Bedeutung der didaktischen Prinzipien bei der Auswahl von Materialien und Methoden und spricht sich für einen besonderen Lerngehalt von außerschulischen Lernorten aus.[303] Auch für Joachim Detjen, obwohl er eher traditionell eingestellt ist, lassen sich solche Aussagen zum Umgang mit neuen Medien finden. „Es ist damit zu rechnen, dass digitale Medien zunehmend zu selbstverständlichen Arbeitsmitteln der politischen Bildung werden. (…) Schließlich dienen die digitalen Medien als Werkzeuge zur Erleichterung diverser handlungsorientierter Tätigkeiten."[304]

Warum nun dieser scheinbare Perspektivenwechsel erfolgte, ist nicht einfach zu beantworten. Eine Möglichkeit besteht darin, dass vor allem Georg Weißeno, welcher im Buchtitel auch als Erster genannt wurde, federführend für die Erarbeitung des Unterrichtsbeispiels und der Angaben dazu war. Darauf schließen kann man, weil sich das Unterrichtsbeispiel auf eine von ihm veröffentlichte Unterrichtsreihe zurückführen lässt.[305] Das würde allerdings bedeuten, dass die Autoren durchaus unterschiedliche Anforderungen an den Umgang mit Medien haben, was der Aussage des Buches widersprechen würde, „ein systematisches, konsensuel erarbeitetes Kompetenzmodell"[306] erstellt zu haben.

5.4. Schlussbetrachtung

Um diesem Kapitel einen Rahmen zu geben, ist es wichtig die aufgeführten Hauptkritikpunkte nochmal kurz zusammenzufassen, da sie sehr umfassend waren. Erst aus diesem Verständnis heraus, erkennt man die Notwendigkeit einer veröffentlichten Kritik in Form einer ‚Streitschrift' sowie die Erarbeitung eines Gegenmodells für die Autorengruppe Fachdidaktik.

---

[302] Massing, Peter: Institutionen, in: Besand, Anja/Sander, Wolfgang (Hrsg.): Handbuch Medien in der politischen Bildung, Schwalbach/ Ts. 2010b, S. 225.
[303] Vgl. ebd. S.228f.
[304] Detjen 2007, S. 369.
[305] Vgl. dazu die gesamte Unterrichtsreihe von Georg Weißeno und Valentin Eck unter anderem in: Weißeno, G. & Eck, V. (2008). Die Europäische Union kompetenzorientiert unterrichtet - eine Unterrichtsreihe für die Sek. I. Politische Bildung, 2, 97-116. bzw. auf der Homepage der Pädagogischen Hochschule Karlsruhe im Bereich der Teesaec-Studie.
[306] Weißeno et. al. 2010, S.10.

Die Kritik setzt schon beim Titel des Bandes „Konzepte der Politik-ein Kompetenzmodell" an. Allein diese Formulierung suggeriert nach Meinung der Autoren der ‚Streitschrift', dass es sich hierbei um ein allumfassendes Kompetenzmodell handle, was sich nicht ausschließlich auf die Ebene des ‚konzeptuellen Deutungswissen' bezieht. Ob Wissen eine eigene Kompetenz ist, wird unter den Fachdidaktikern bereits seit Jahren diskutiert. Auch die Voranstellung des Autors Georg Weißeno vor die anderen Autoren, welche dann in alphabetischer Reihe folgen, suggeriert hier, auch in Betrachtung früherer Arbeiten von Georg Weißeno, dass das Modell vorwiegend seine Handschrift trägt. Dies widerspricht dem ambitionierten Vorhaben, ein konsensuell entwickeltes Modell entwickelt zu haben, genauso wie der Tatsache, dass dieser Konsens eben nicht innerhalb der gesamten Fachdidaktik sondern nur innerhalb der fünf Autoren (wenn überhaupt) Bestand hat. Auch die Veröffentlichung durch die Bundeszentrale[307] in hoher Auflage erweckt laut Meinung der Autorengruppe Fachdidaktik den Gedanken, dass dieser Band eine breitere Anerkennung innerhalb der Fachwissenschaft genießt, als dies tatsächlich der Fall war. Dies ist einer der Hauptgründe warum die ‚Streitschrift' in kurzer so Zeit abgefasst und ebenfalls über die Bundeszentrale der politischen Bildung publiziert wurde.

Inhaltlich kritisiert die Autorengruppe Fachdidaktik die „Einseitigkeit und Geschlossenheit der verwendeten Konzepte, die keinen multiperspektivischen sozialwissenschaftlichen Zugriff auf das Phänomen des politischen erlauben, sondern unser Fachgebiet politikwissenschaftlich einseitig auf staatliches Handeln aneignen."[308] Dieser Kritikpunkt reist einen allgemeinen, weiteren Kritikpunkt mit an. Der Bezug auf Politikwissenschaften als Hauptbezugs-wissenschaft, entspricht laut Ansicht der Autorengruppe nicht der Philosophie des Faches. Auch Fächer wie Soziologie, Wirtschaft, Recht, Geschichte und Philosophie können und müssen Teil des Unterrichts sein, zumal dies in den meisten Bundesländern gängige Praxis ist und ein eigenes Unterrichtsfach mit der Bezeichnung ‚politische Bildung' nicht existiert. Viel eher trifft man auf Bezeichnungen wie Sozialkunde, Gemeinschaftskunde oder Wirtschaftskunde, was sich auch in den Themenbereichen innerhalb der Lehrpläne wiederspiegelt.

Ebenfalls warf man der Gruppe um Georg Weißeno vor, ihren Ansatz innerhalb der Theorietradition als ‚logische Konsequenz' zu postulieren und damit andere aktuelle Konzeptionen zu vernachlässigen. Auch die Aneinanderreihung politischer Schlüsselbegriffe die von den Schülern, die als Definitionen gelernt werden sollen und die den Anspruch

---

[307] Vgl. Petrik 2010, S. 415-416.
[308] Autorengruppe Fachdidaktik 2011, S. 163.

vertreten per Definition richtig zu sein, widersprachen dem Anspruch der Autorengruppe Fachdidaktik, da Schülervorstellungen darin keine Beachtung finden und dies dementsprechend einen „Rückfall in ein Lernverständnis, das die Subjektivität und Prozesshaftigkeit des Lernens aus dem Blick verliert, [darstellt.] Mit der Folge eines instruktionsorientierten Unterrichtsverständnisses, das sich auf den Input „richtiger" Basiskonzepte und den Output der Verwendung „richtiger Begriffe" fokussiert, ohne sich um inner- und intersubjektive hermeneutische Prozesse zu kümmern."[309] Einem Verständnis nachdem Kompetenzen auf die Fähigkeit politische Fragen zu reflektieren, reduziert werden, stellt die Gruppe des Bandes „Konzepte der politischen Bildung" eine andere Auffassung entgegen. Demnach sollen Kompetenzen den Schüler ermächtigen, sich innerhalb der politischen Welt zu Recht zu finden und bei Wunsch aktiv zu werden. Die dafür notwendigen Kompetenzen verorten sie innerhalb des Kompetenzmodells der GPJE. Das dafür notwendige Wissen beschreiben sie innerhalb ihres Modells allerdings sehr offen. Das Modell hat ‚Werkstatcharakter', ist somit weder fertig noch in sich geschlossen.[310]

Das angehängte Unterrichtsbeispiel und die darin verwendeten Methoden und Materialien sowie die dargebotenen Evaluationsmethoden gaben ebenfalls Anlass zur Kritik.[311] Besonders problematisch wird dabei der Medieneinsatz nur einer Gattung (Texten) sowie deren Auswahl, streng nach Wissensbeständen und verwendeten Wörtern im Kontext des zu vermittelnden Fachkonzeptes erachtet. Die wird den heutigen Vorgaben, wie man Unterricht zu gestalten hat nicht mehr gerecht. Mit so einem eindimensionalen Umgang mit Medien kann keine Medienkompetenz entwickelt werden. Die Abfragung von Definitionen als Kriterium für ‚gute' und ‚schlechte' Schüler ist zwar durchaus einfach aber entspricht nicht den Vorgaben eines kompetenzorientierten Unterrichts und sagt zudem nichts darüber aus ob Schüler den Sinn auch verstanden haben.

Neben den vorwiegend inhaltlichen Kritikpunkten, verärgerte sicherlich auch die Art und Weise der Publikation durch die Autorengruppe um Georg Weißeno. Kurz vor dem bestehenden Einigungsprozess ein Buch mit einer solchen Schlagkraft, deren sich die Autoren selbst vielleicht gar nicht bewusst waren, zu veröffentlichen und den Entstehungsprozess vor

---

[309] Autorengruppe Fachdidaktik 2011, S.163.
[310] vgl. ebd. S. 168ff.
[311] Zu einer detaillierten Kritik am Unterrichtsbeispiel sowie eigenen Verbesserungsansätzen äußert sich Sibylle Reinhardt im Band „Konzepte der politischen Bildung- eine Streitschrift". Vgl. dazu Reinhardt, Sybille: Fachdidaktische Prinzipen als Brücken zwischen Gegenstand und Methode: Unterrichtsplanung, in: Autorengruppe Fachdidaktik: Konzepte der politischen Bildung, Bonn 2011, S. 147-162.

den Kollegen zu verheimlichen, führte sicher auch zur schnellen und harten Reaktion eine Schreitschrift zu verfassen.

Die Autorengruppe Fachdidaktik wirft den Autoren des Bandes „Konzepte der Politik" eine Rückkehr zu einem traditionellen, inputorientierten Unterricht vor, verpackt unter dem Label der ‚Kompetenzorientierung'. Das stellt für sie einen Rückschritt hinter die neuen Entwicklungen und Erkenntnisse seit PISA dar. Grundlage dieses Konfliktes ist dabei sicherlich auch innerhalb der unterschiedlichen lernpsychologischen Erkenntnisse zu erkennen, wo kognitive (bei der Evaluation mitunter sogar behavioristische) und konstruktivistische Vorstellungen aufeinandertreffen. Innerhalb der politikdidaktischen Landschaft, die größer ist als die sich hier gegenüberstehenden, ungleichen Gruppen findet das Modell der Gruppe Weißeno et al. weniger Zustimmung als der Gegenentwurf. Dies wurde vor allem auf der GPJE- Tagung 2011 in Potsdam sichtbar.

Die Politikdidaktik war zu keiner Zeit frei von Kontroversen, wie dies in Wissenschaften im Allgemeinen üblich ist. Allerdings stellt die Intensität dieses Konfliktes eine Besonderheit dar. Bisher gab es keine Veröffentlichung der Autoren des Bandes „Konzepte der Politik" in Reaktion auf die Streitschrift und das in ihr formulierte Modell. Deswegen war es nicht möglich in dieser Arbeit eine Stellungnahme zu den Vorwürfen und Kritikpunkten am Kompetenzmodell der Gruppe Weißeno et al. bzw. eine Kritik am Gegenmodell einzubinden. Ob es vor der nächsten Tagung der GPJE eine ‚Streitschrift' zur ‚Streitschrift' geben wird, bleibt offen. Ob es überhaupt zu einem weiteren Schlagabtausch kommen wird oder ab man sich um Schadensbegrenzung und Annäherung bemüht, bleibt abzuwarten. Das Thema der nächsten GPJE- Tagung ‚Schülerforschung/Lehrerforschung- Modelle und Empirie' würde, da es sehr weit gewählt wurde, beide Szenarien vorstellbar machen.

Nach der abschließenden Zusammenfassung soll nun noch ein persönliches Fazit zur Arbeit und vor allem in Betracht auf die aktuelle Kontroverse gezogen werden.

6. Fazit

Die hier vorliegende Arbeit wurde mit dem Ziel verfasst, sich detailliert mit der aktuellen Kontroverse um Basiskonzepte in der politischen Bildung zu befassen. Dabei wurde gezeigt, dass der Streit um einheitliche Vorgaben über die zu vermittelnden Wissensbeständen so alt ist wie die Fachdidaktik selbst und unter verschiedenen Bezeichnungen auch zuvor schon kontrovers geführt wurde. Die Ergebnisse von PISA erforderten innerhalb der einzelnen Fachdidaktiken ein stärkeres Zusammenarbeiten der Fachdidaktiker und durch die Forderung nach allgemeinen Bildungsstandards auch Einigungen innerhalb der einzelnen Disziplinen. Dies geschah auch in der politischen Bildung. Allerdings konnte man sich nicht auf inhaltliche Vorgaben einigen und blieb so bei allen Formulierungen weitgehend wage, sodass jeder Fachdidaktiker weiterhin an seiner Theorie und seinen Ansätzen festhalten konnte. Das Ziel einen Konsens über den Kernbereich des Faches zu finden, konnte dabei nicht erreicht werden, da bereits damals die wissenschaftlichen Ansätze zu weit auseinanderlegen.

Die Veröffentlichung des Bandes „Konzepte der Politik- ein Kompetenzmodell" lähmte zusätzlich den angestrebten Einigungsprozess. Wenngleich es dazu unterschiedliche Auffassungen geben mag, wäre es nach meinem Verständnis, aufgrund der durch diese Arbeit gewonnen Erkenntnisse, auch ohne die Veröffentlichung des Modellvorschlags nicht möglich gewesen sich auf ein Konsensmodell über Basiskonzepte (Kernkonzepten) zu einigen, da die Erkenntnisse und lerntheoretischen Ansätze bereits vorher zu weit auseinanderlagen, da es bereits über das Konzept des ‚Basiskonzepts' an sich und die Inhalte dieser, keine Einigung hätte geben können.

Ich teile die meisten Kritikpunkte der Autorengruppe am Vorschlag der Gruppe Weißeno et al.. Nach meinem Verständnis und vor allem nach den Kenntnissen die ich in meinem Studium erlangt habe, ist ein Unterricht nach solchen Vorgaben schlichtweg veraltet, uninteressant für den Schüler und wenig kompetenzorientiert. Allerdings haben mich auch die Modellvorgaben aus dem Band „Konzepte der politischen Bildung- eine Streitschrift" in einigen Punkten enttäuscht. Die Autoren bleiben bei ihren inhaltlichen Vorgaben so wage, das sich ein wirkliches Verständnis, welche Inhalte für den Schüler von Bedeutung sein könnten und welche Grundvorstellungen vermittelt werden sollen, nicht ergibt. Eine solche Vorstellung zu ermöglichen, sollte aber Ziel einer Publikation sein, die sich Basiskonzepte zum Thema wählt. Das Modell ist zudem überaus unübersichtlich gestaltet, zu den Teilkategorien und zum Aufbau fehlen Erläuterungen. Bei dem Titel des Werkes „Konzepte der politischen Bildung- eine Streitschrift" erwartete man auf den ersten Blick, das in der Formulierung von Konzepten ein Hauptaugenmerk des Bandes zu suchen ist. Die Kritik und die sich daraus für den einzelnen ergebenden Konsequenzen machen aber den Hauptteil des Buches aus. Wahrscheinlich konnte man sich innerhalb der Autorengruppe nur, vor allem in Anbetracht der kurzen Bearbeitungszeit und den doch bei einigen Punkten weitgehend unterschiedlichen Ansichten, auf ein so offenes Modell als Konsens einigen. Dieses Modell wurde zwar gemeinschaftlich verfasst, der Schwachpunkt liegt jedoch darin, dass der Leser kein grundständig elaboriertes und inhaltlich differenziertes Modell darin erkennen kann.

Die Streitschrift war auch aus meiner Sicht notwendig, um die Kritik am Modell der Autorengruppe um Georg Weißeno Gewicht zu verleihen. Allerdings wurden dadurch die Empfindlichkeiten unter den Gruppen negativ beeinflusst. Dies macht es neben den oben dargestellten Gegensätzen, vor allem aber auf Grund der unterschiedlichen lerntheoretischen Vorstellung (kognitiv vs. konstruktivistisch), unmöglich sich auf einen inhaltlichen Kompromiss zu einigen. Wie aus dieser Analyse hervorgeht, unterscheiden sich die Modelle nahezu in allen Punkten, mit Ausnahme der Zielsetzung: Basiskonzepte als der Kern der politischen Bildung zu formulieren. Es droht meiner Ansicht nach die weitere Spaltung der Fachdidaktik, in der sich dann zwei ungleiche Gruppen gegenüberstehen. Durchaus kann es zu Abweichlern aus der Gruppe um Georg Weißeno kommen, der feste Kern wird aber an seinen tradierten Vorstellungen festhalten. Auch die vorangetriebene empirische Forschung im Bereich der Basiskonzepte wird wahrscheinlich nichts an der Diskussion verändern, da sich die Ergebnisse im Sinne des jeweiligen Ansatzes durchaus unterschiedlich interpretieren lassen.

Allerdings bedeutet die Unvereinbarkeit der ungleichen Vorstellungen für die Realität des Unterrichts, dass weiterhin in jedem Bundesland unterschiedliche Vorgaben innerhalb der Lehrpläne festgeschrieben werden können und das es innerhalb der Lehrerausbildung weiterhin ungleiche Standards geben kann. Eine Vereinheitlichung nach allgemein anerkannten Vorgaben durch die Politikdidaktik wird somit nicht bzw. nur vereinzelt erfolgen können.

Auch wenn die derzeitigen Ergebnisse dieser Arbeit ein eher negatives Bild von den Einigungs- und Kooperationstendenzen innerhalb der politischen Bildung wiederspiegeln, gibt es durchaus auch andere Forschungsgebiete und Theorieansätze bei denen sich keine vergleichbar starken Gegensätze innerhalb der Disziplin herausbilden. Auch finden neue Ansätze entweder aus der eigenen Forschung oder anderen Bereichen, wie der

Lernpsychologie sowie aktuellen Tendenzen innerhalb der Lebenswelt von Schülern, immer wieder Eingang in die Politikdidaktik. Unter diesen Voraussetzungen kann es durchaus auch wieder zu Annäherungen innerhalb der Wissenschaft kommen. Fest steht aber, egal ob eine Einigung über die Wissensdimension innerhalb der politischen Bildung erfolgt oder nicht, dass Unterricht innerhalb der jeweiligen Bundesländer in Bezug auf unterschiedliche Lehrpläne weiterhin erfolgen wird. Gerade deswegen wäre es wünschenswert, wenn man innerhalb der politischen Fachdidaktik stärker auf allgemeine Verbindlichkeiten hinwirken würde, was vorher zum Beispiel mit der Formulierung des Beutelsbacher Konsens durchaus gelungen ist, um dadurch einen stärken Einfluss auf die Unterrichtsrealität und die Lehrplanbildung zu haben und somit zur Vereinheitlichung beitragen zu können.

7. Quellen und Literaturverzeichnis

Autorengruppe Fachdidaktik: Konzepte der politischen Bildung, Bonn 2011.

Autorengruppe Fachdidaktik: Sozialwissenschaftliche Basiskonzepte als Leitideen der politischen Bildung, in: Autorengruppe Fachdidaktik: Konzepte der politischen Bildung, Bonn 2011, S.163-171.

Bartels, Klaus: Veni Vidi Vici. Geflügelte Worte aus dem Griechischen und Lateinischen. Mainz am Rhein 2006.

Beck, Klaus: Wirtschaftliches Wissen und Denken-Zur Bestimmung und Erfassung ökonomischer Kompetenz, in: Euler Dieter (Hrsg.):Sozialökonomische Theorie-sozialökonomisches Handeln, Kiel 200, S. 211-230.

Beck, Ulrich/ Hajer, Maarten A./ Kesselring, Sven: Der unscharfe Ort der Politik. Opladen 1999.

Behrmann, Günter C.: Lösen „Basiskonzepte" die Probleme mit dem „Stoff"?, in: Polis, 2008, Nr. 1. S. 22-24.

Besand, Anja: Politikdidaktik zwischen Pisa und Bologna, in: Zeitschrift für Politikwissenschaft, 21. Jhg., Nr. 1, 2011a, S. 188.

Besand, Anja/Sander, Wolfgang: Zur Einführung, in: Besand, Anja/Sander, Wolfgang (Hrsg.): Handbuch Medien in der politischen Bildung, Schwalbach/ Ts. 2010, S. 9-14.

Besand, Anja: Sozialwissenschaftliche Bildung im Schnellkochtopf oder: Wie positioniert sich die sozialwissenschaftliche Bildung in der bildungspolitischen Reformdiskussion, in: Schattenschneider, Jessica (Hrsg.): Domänenspezifische Diagnostik. Wissenschaftliche Beitrage für die politische Bildung, Schwalbach/Ts. 2007, S.8-20.

Besand, Anja: Zum kompetenzorientierten Umgang mit Unterrichtsmaterialien und-medien, in: Autorengruppe Fachdidaktik: Konzepte der politischen Bildung, Bonn 2011b, S.133-146.

Besand, Anja: Zurück in die Zukunft? Über Konzepte von Kompetenzen. Über die Bedeutung von Wissen und Vorstellungen davon, was Kompetenzen sind, in: Goll, Thomas (Hrsg.) Politikdidaktische Basis- und Fachkonzepte, Schwalbach/Ts. 2011c, S.71-79.

Beyer, Irmtraut: Natura - Biologie für Gymnasien. Natura Basiskonzepte. Sekundarstufe I und II, Stuttgart Leipzig 2006.

Blum , Werner: Einführung, in: Blum, Werner/Drüke-Noe, Christina/ Hartung, Palph/ Köller, Olaf: Bildungsstandards Mathematik: konkret, Berlin 2006, S. 14-32.

Bundesministerium für Bildung und Forschung (Hrsg.): Zur Entwicklung nationaler Bildungsstandards. Eine Expertise, Bonn 2003.

Bybee, Rodger W.: Towards an understanding of scientific literarcy, in: Gräber, Wolfgang (Hrsg.): Scientific Literarc. An international symposium. Kiel 1997, S.37-68.

Demuth, Reinhard/Ralle, Bernd/Pachmann, Ilka: Basiskonzepte- eine Herausforderung an den Chemieunterricht , in: CHEMIKON, 12Jg. 2005, Nr. 2, S. 55-60.

Detjen, Joachim: Die GPJE-Bildungsstandards. Fachunterricht in der politischen Bildung, in: Wochenschau, Sonderausgabe Sek. I und II, 61. Jg. 2010, S. 23-33.

Detjen, Joachim: Politische Bildung. Geschichte und Gegenwart in Deutschland. München 2007.

Detjen, Joachim: Verfassungspolitische Grundsätze der freiheitlichen Demokratie. Ein fruchtbares Reservoir für Basiskonzepte der politischen Bildung, in: Weisseno, Georg (Hrsg.): Politikkompetenz. Was Unterricht zu leisten hat, Bonn 2008, S. 199-212.

Deutsche Gesellschaft für Geografie: Bildungsstandards im Fach Geografie für den Mittleren Schulabschluss- mit Aufgabenbeispielen-, 3. Auflage, Berlin 2007.

Eilks, Ingo: Eilks, Ingo: Neue Wege zum Teilchenkonzept- Oder: Wie man Basiskonzepte forschungs- und praxisorientiert entwickeln kann, in: Naturwissenschaften im Unterricht. Chemie, 18 Jg. 2007, Nr. 100-101, S. 23-27.

Fischer, Kurt Gerhard: Einführung in die politische Bildung. Ein Studienbuch über den Diskussions- und Problembestand der politischen Bildung in der Gegenwart, Stuttgart 1973.

Fischer, Kurt Gerhard: Politische Bildung eine Chance für die Demokratie, Linz 1965.

Gagel, Walther: Der Beutelsbacher Konsens als historisches Ereignis. Eine Bestandsaufnahme, in: Schiele, Siegfried/ Schneider, Herbert: Reicht der Beutelbacher Konsens? Schwalbach/Ts. 1996, S.14-28.

Gagel, Walther: Drei didaktische Konzeptionen: Giesecke, Hilligen, Schmiederer, Schwalbach/Ts. 2007.

Gagel, Walther: Geschichte der politischen Bildung in der Bundesrepublik Deutschland. 1945-1989/90, Wiesbaden 2005.

Goll, Thomas (Hrsg.) Politikdidaktische Basis- und Fachkonzepte, Schwalbach/Ts. 2011.

GPJE: Nationale Bildungsstandards für den Fachunterricht in der politischen Bildung. Ein Entwurf. Schwalbach/Ts. 2004.

Grammes, Tilman: Kommunikative Fachdidaktik, in: Kursiv, 2000, Nr.2, S.26-29.

Grammes, Tilman: Konzeptionen der politischen Bildung- bildungstheoretische Lesarten aus ihrer Geschichte, in: Autorengruppe Fachdidaktik: Konzepte der politischen Bildung, Bonn 2011, S.27-50.

Hedtke, Reinhold: Interpretation und Kommentar, zu: Schmiederer, Rolf: Politische Bildung im Interesse der Schüler, in: May, Michael/ Schattenschneider, Jessica (Hrsg.): Klassiker der Politikdidaktik neu gelesen, Schwalbach/Ts. 2011a, S. 178-189.

Hedtke, Reinhold: Die politische Domäne im sozialwissenschaftlichen Feld, in: Autorengruppe Fachdidaktik: Konzepte der politischen Bildung, Bonn 2011b, S. 51-68.

Henkenborg, Peter: Kategoriale Bildung und kompetenzorientierte politische Bildung , in: Weisseno, Georg (Hrsg.): Politikkomptenz. Was Unterricht zu leisten hat, Bonn 2008, S.213-230.

Henkenborg, Peter: Wissen in der politischen Bildung- Positionen der Politikdidaktik, in: Autorengruppe Fachdidaktik: Konzepte der politischen Bildung, Bonn 2011, S. 111-132.

Hilligen, Wolfgang/ Fischer, Kurt Gerhart/ George, Siegfried: Institut für Didaktik der Gesellschaftswissenschaften, in: Gießener Universitätsblätter, Gießen 1982.

Hilligen, Wolfgang: Zur Didaktik des politischen Unterrichts. Wissenschaftliche Voraussetzungen- Didaktische Konzeptionen- Unterrichtspraktische Vorschläge. Opladen 1985.

Juchler, Ingo: Die Bedeutung von Basis- und Fachkonzepten für die kompetenzorientierte politische Bildung, in: Juchler, Ingo: Kompetenzen in der politischen Bildung, Schwalbach/Ts. 2010, S. 233-242.

Juchler, Ingo: Politische Begriffe der Außenpolitik. Konstituenten von Fachkonzepten und Political Literarcy, in: Weisseno, Georg (Hrsg.): Politikkompetenz. Was Unterricht zu leisten hat, Bonn 2008, S. 169-183.

Kammertöns, Annette: Rezension zu: Weißeno, Georg/ Detjen, Joachim /Juchler, Ingo /Massing, Peter /Richter, Dagmar: Konzepte der Politik- ein Kompetenzmodell, in: Politisches Lernen, 2010 ,Nr. 3-4,S. 74-75.

Klieme, Eckhardt (Hrsg.): Zur Entwicklung nationaler Bildungsstandards. Eine Expertise. Berlin 2003.

Klieme, Eckhard/ Jude, Nina: Das Programme for International Student Assessment (PISA), in: Klieme, Eckhard/Artelt, Cordula/Hartig, Johannes/Jude, Nina/Köller, Olaf/ Prenzel,

Manfred/ Schneider, Wolfgang/Stanat, Petra (Hrsg.): PISA 2009. Bilanz nach einem Jahrzehnt. Münster 2010. S. 11-22.

Klix, Friedhart: Über Wissenspräsentationen im menschlichen Gedächtnis, in: Klix, Friedhart (Hrsg.): Gedächtnis-Wissen-Wissensnutzung, Berlin 1984, S. 9-73.

Köller, Olaf: Qualitätssicherung in der Schule, in: Georg, Weißeno (Hrsg.): Politikkompetenz. Was Unterricht zu leisten hat, Bonn 2008, S. 22-31.

Lange, Dirk/ Himmelmann, Gerhart: Demokratisches Bewusstsein und politische Bildung, in: Lange, Dirk/ Himmelmann Gerhart (Hrsg.): Demokratiebewusstsein. Interdisziplinäre Annäherung an ein zentrales Thema der Politischen Bildung, Wiesbaden 2007, S 15-25.

Lange, Dirk: Kernkompetenz des Bürgerbewusstseins. Grundzüge einer Lerntheorie der politischen Bildung, in: Weisseno, Georg (Hrsg.): Politikkomptenz. Was Unterricht zu leisten hat, Bonn 2008, S. 245-259.

Lange, Dirk: Konzepte als Grundlage der politischen Bildung. Lerntheoretische und fachdidaktische Überlegungen , in: Autorengruppe Fachdidaktik: Konzepte der politischen Bildung, Bonn 2011 S.95-109.

Langner, Frank: Das Schulbuch, in: Besand, Anja/Sander, Wolfgang (Hrsg.): Handbuch Medien in der politischen Bildung. Schwalbach/Ts. 2010, S.432-443.

Lichtner, Hans-Dieter: Zum Umgang mit Basiskonzepten im Unterricht, Stand: 06.06.2007 URL.:http://www.biologieunterricht.homepage.tonline.de/Biodateien/Umgang%20Basiskonzepte.pdf, (abgerufen am: 16.08.2011).

Massing, Peter: Basiskonzepte für die politische Bildung. Ein Diskussionsvorschlag, in: Weißeno, Georg (Hrsg.): Politikkompetenz. Was Unterricht zu leisten hat, Bonn 2008, S.184-198.

Massing, Peter: Die bildungspolitische und pädagogische Debatte zur Einführung nationaler Bildungsstandards, in: politische Bildung, 37. Jg. 2004, Nr. 3, S. 7-19.

Massing, Peter: Konjunkturen und Institutionen der Bildungspolitik, in: Politische Bildung, 35. Jg. 2002, Nr. 3, S. 8-34.

Massing, Peter: Institutionen, in: Besand, Anja/Sander, Wolfgang (Hrsg.): Handbuch Medien in der politischen Bildung, Schwalbach/ Ts. 2010a, S.225-235.

Massing, Peter: PISA und die Folgen. Kompetenzorientierung in der politischen Bildung. Von den Bildungsstandards zu Basiskonzepten, in: Wochenschau, Sonderausgabe Sek. I und II, 61. Jg. 2010b, S.5- 21.

Massing, Peter: Politische Bildung, in: Andersen, Uwe/ Wichard, Woyke (Hrsg.) Handwörterbuch des politischen Systems der Bundesrepublik Deutschland, Bonn 2003, S.500-509.

May, Michael/ Schattenschneider, Jessica (Hrsg.): Klassiker der Politikdidaktik neu gelesen, Schwalbach/Ts. 2011.

Meyer, Thomas: Was ist Politik? Wiesbaden 2006.

Müller, Andreas/ Helmke, Andreas: Qualität von Aufgaben als Merkmale der Unterrichtsqualität verdeutlicht am Fach Physik, in: Thonhauser, Josef: Aufgaben als Katalysatoren von Lernprozessen. Eine zentrale Komponente organisierten Lehrens und Lernens aus der Sicht von Lernforschung, Allgemeiner Didaktik und Fachdidaktik, Münster 2008, S. 31-46.

Murphy, Gregory L.: The Big Book of Concepts, Cambridge 2004.

Muszynski, Bernhard: Empirische Wende oder heiße Luft? Was die PISA-Debatte bewegen könnte, in: politische Bildung, 2002, Nr. 2., S. 65-77.

Niemann, Dennis: Deutschland- Im Zentrum des PISA-Sturms, in: Knodel, Phillip/ Martens, Kerstin/ Olano de, Daniel/ Popp, Marie: Das PISA-Echo. Internationale Reaktionen auf die Bildungsstudie, Frankfurt am Main 2009, S. 53-88.

Parsons, Talcott: The social system, New York 1951.

Patzelt, Werner: Einführung in die Politikwissenschaft. Grundriss des Faches und studienbegleitende Orientierung. 2. Aufl., Passau 1993.

Petrik, Andreas: Das Politische als soziokulturelles Phänomen. Zur Notwendigkeit einer wertbezogenen, soziologischen und lernpsychologischen Modellierung politischer Basiskonzepte am Beispiel „politische Grundorientierung", in: Autorengruppe Fachdidaktik: Konzepte der politischen Bildung, Bonn 2011a, S.69-93.

Petrik, Andreas: Politische Konzepte ohne soziologische Basis?, in: Goll, Thomas (Hrsg.): Politikdidaktische Basis- und Fachkonzepte, Schriftenreihe der Gesellschaft für Politikdidaktik und Jugend- und Erwachsenenbildung, Schwalbach/Ts 2011b, S.49-54.

Petrik, Andreas: Rezension zu: Weißeno, Georg/Detjen, Joachim/Juchler, Ingo/Massing, Peter/Richter, Dagmar: Konzepte der Politik – ein Kompetenzmodell, in: Gesellschaft, Wirtschaft ,Politik (GWP), 2010, Nr.3, S.415-416.

Petrik, Andreas: Von den Schwierigkeiten ein politischer Mensch zu werden. Konzept und Praxis einer genetischen Politikdidaktik, Opladen 2007.

Pohl, Kerstin: Konstruktivismus und Politikdidaktik: Ein Chat-Interview mit Joachim Detjen und Wolfgang Sander, in: politische Bildung. Beiträge zur wissenschaftliche Grundlegung und zur Unterrichtspraxis, 2001, Nr.4, S.128-138.

Pohl, Kerstin (Hrsg.): Positionen der politischen Bildung. Ein Interviewbuch zur Politikdidaktik, 2. Auflage, Schwalbach/Ts. 2007.

Reinhardt, Sybille: Fachdidaktische Prinzipen als Brücken zwischen Gegenstand und Methode: Unterrichtsplanung, in: Autorengruppe Fachdidaktik: Konzepte der politischen Bildung, Bonn 2011, S. 147-162.

Reinhardt, Sybille: Politikdidaktik, Praxishandbuch für die Sekundarstufe I und II, Berlin 2005.

Richter, Dagmar: Basis- und Fachkonzepte der Politik. Ein konsensuell erarbeitetes Kompetenzmodell, in: Wochenschau, Sonderausgabe Sek. I und II, 61. Jahrgang, November 2010a, S. 58-73.

Richter, Dagmar: Einleitung: Politische Bildung von Anfang an, in: Damar, Richter (Hrsg.): Politische Bildung von Anfang an, Bonn 2007a, S. 9-16.

Richter, Dagmar: Kunstwerke in der bildenden Kunst- ihre besonderen Merkmal, in: Besand, Anja/Sander, Wolfgang (Hrsg.): Handbuch Medien in der politischen Bildung, Schwalbach/ Ts. 2010b, S. 274-282.

Richter, Dagmar: Kompetenzdimension Fachwissen. Zur Bedeutung und Auswahl von Basiskonzepten, in: Weisseno, Georg (Hrsg.): Politikkompetenz. Was Unterricht zu leisten hat, Bonn 2008, S.152-168.

Richter, Dagmar: Welche politischen Kompetenzen sollen Grundschülerinnen und Grundschüler erwerben, in: Richter, Dagmar (Hrsg.): Politische Bildung von Anfang an. Demokratie-Lernen in der Grundschule. Schwalbach/Ts. 2007b, S.36-53.

Sander, Wolfgang: Basiskonzepte. Grundlagen und Konsequenzen für Politikunterricht, in: Wochenschau, Sonderausgabe Sek. I und II, 61. Jg., 2010a, S. 34- 43.

Sander, Wolfgang: Die Bildungsstandards vor dem Hintergrund der politikdidaktischen Diskussion. in: politische Bildung, 37 Jg. 2004, Nr. 3, S.30-43.

Sander, Wolfgang: Interpretation und Kommentar, zu: Fischer, Kurt Gerhard: Einführung in die politische Bildung, in: May, Michael/ Schattenschneider, Jessica (Hrsg.): Klassiker der Politikdidaktik neu gelesen, Schwalbach/Ts. 2011a, S. 76-90.

Sander, Wolfgang: Kompetenzorientierung in Schule und politischer Bildung- eine kritische Zwischenbilanz, in: Autorengruppe Fachdidaktik: Konzepte der politischen Bildung, Bonn 2011b, S. 9-25.

Sander, Wolfgang: Konzepte und Kategorien in der politischen Bildung, in: Goll, Thomas (Hrsg.): Politikdidaktische Basis- und Fachkonzepte, Schriftenreihe der Gesellschaft für Politikdidaktik und Jugend- und Erwachsenenbildung, Schwalbach/Ts 2011b, S. 32-43.

Sander, Wolfgang: Politik entdecken- Freiheit leben. Didaktische Grundlagen politischer Bildung, 2. Auflage, Schwalbach/Ts. 2007a.

Sander, Wolfgang: Politik in der Schule. Kleine Geschichte der politischen Bildung in Deutschland, Marburg 2010b.

Sander, Wolfgang: Theorie der politischen Bildung: Geschichte- didaktische Konzeptionen- aktuelle Tendenzen und Probleme, in: Sander, Wolfgang (Hrsg.): Handbuch politische Bildung, Schwalbach/ Ts. 2005, S.13-47.

Sander, Wolfgang: Vom „Stoff"" zum „Konzept" -Wissen in der politischen Bildung, in: POLIS, 2007b, Nr. 4, S. 19-24.

Sander, Wolfgang: Wissen im kompetenzorientierten Unterricht- Konzepte, Basiskonzepte, Kontroversen in den gesellschaftswissenschaftlichen Fächern, in: Zeitschrift für Didaktik der Gesellschaftswissenschaften, 2. Jahrgang, Nr. 1 2010c, S. 42- 66.

Siebert, Horst: Pädagogischer Konstruktivismus - eine Bilanz der Konstruktivismus-diskussion für die Bildungspraxis. Neuwied 1999.

Städtler, Thomas: Die Bildungshochstapler. Warum unsere Lehrpläne um 90% gekürzt werden müssen, Heidelberg 2010.

Städtler, Thomas: Kürzt die Lehrpläne um 90%, in: Focus, 2011, Nr. 37, S. 34.

Steffans, Dagmar: Politische Bildung 2000. Demokratie- und Zukunftsrelevanz als Leitmaßstäbe, Münster 1995.

Vollmer, Helmuth Johannes: Kompetenzen und Bildungsstandards. Stand der Entwicklung in verschiedenen Fächern, in: Weißeno, Georg (Hrsg.): Politikkompetenz. Was Unterricht zu leisten hat, Bonn 2008, S.33-49.

Wehling, Hans-Georg: Konsens a la Beutelsbach? in: Schiele, Siegfried/ Schneider, Herbert: Das Konsensproblem in der politischen Bildung. Stuttgart 1977.

Weinert, Franz E.: Vergleichende Leistungsmessung in Schulen- eine umstrittene Selbstverständlichkeit, in: Weinert, Franz E. (Hrsg.) Leistungsmessungen in Schulen, Weinheim, Basel 2001, S. 17-31.

Weißeno, Georg: Bildungsstandards, in: Weißeno, Georg/ Hufer, Klaus-Peter/ Kuhn, Hans-Werner/ Massing, Peter/ Richter, Dagmar: Wörterbuch. Politische Bildung, Schwalbach/Ts. 2007a, S. 66-74.

Weißeno, Georg / Eck, Valentin: Die Europäische Union kompetenzorientiert unterrichtet - eine Unterrichtsreihe für die Sek. I. Politische Bildung, 2, 2008a, S. 97-116.

Weißeno, Georg: Kernkonzepte der Politik und Ökonomie- Lernen als Veränderung mentaler Modelle, in: Weißeno, Georg: Politik und Wirtschaft unterrichten, Bonn 2006, S.120-141.

Weißeno, Georg/ Detjen, Joachim /Juchler, Ingo /Massing, Peter /Richter, Dagmar: Konzepte der Politik- ein Kompetenzmodell, Bonn 2010.

Weißeno, Georg: Kompetenzmodell, in: Weißeno, Georg/ Hufer, Klaus-Peter/ Kuhn, Hans-Werner/ Massing, Peter/ Richter, Dagmar: Wörterbuch. Politische Bildung, Schwalbach/Ts. 2007b, S. 175-181.

Weißeno, Georg (Hrsg.): Politikkompetenz. Was Unterricht zu leisten hat, Bonn 2008b.

Wilhelm, Theodor: Das Stoffgebiet der politischen Bildung in der Volksschule. Auswahl und Schwerpunkte, in: Bundeszentrale für Heimatdienst (Hrsg.): Die Praxis der politisch Bildung in der Volksschule. Bonn 1957, S. 36-54.